알짜만
짚어주는
족집게
대입 면접
올킬 작전

알짜만 짚어주는
족집게
대입 면접
올킬 작전

최정호 지음

PAISM

contents

하루만에
제대로끝내기

1교시 이것만 알아도 이미 절반은 합격한 거다

2교시 어떤 내용을 물어봐도 나는 자신 있다

3교시 면접관이 원하는 답변을 미리 준비하라

4교시 면접시험을 위한 수험생의 태도와 마음가짐

대입 면접, 말하는 방법을 알면
쉽게 답변할 수 있다

누군가가 대입 면접에서 최종 탈락했다면 그 안타까움은 그 어떤 대입전형에서 고배를 마시는 것보다 훨씬 클 것입니다. 정시선발은 대학을 수능점수에 맞춰 지원하면 되고 논술은 답안을 원고지에 딱 한 번 작성하는 '진검승부' 같은 시험입니다. 그러나 학생부종합전형은 서류전형을 통과하더라도 두 번째 평가가 눈앞에 기다립니다. 그건 바로 면접입니다. 1차 서류전형을 패스하지 못했다면 최종합격에 대한 기대가 아예 없겠지만 서류전형을 통과하고서 3~5:1이라는 상대적으로 쉬운 경쟁에서 탈락하면 그 고통은 이루 말할 수가 없습니다. 저는 최종적으로 면접을 통과하지 못한 학생들이 다음처럼 푸념하는 것을 수없이 들었습니다.

"면접관이 묻는 것에 빠짐없이 대답했는데, 왜 떨어졌을까요?"

"선생님, 저는 올해 학생부종합전형에서 모두 탈락했는데요. 면접에서는 어떤 기준으로 당락을 결정하는 거죠?"

"자기소개서 작성에 많은 시간을 투자하고도, 면접에 떨어져 너무 안타까워요."

"떨어진 이유나 좀 알았으면 좋겠어요. 지원자들이 내신도 서로 비슷했던 것 같은데……"

"면접에서 탈락한 충격이 오래가네요. 제가 대체 뭘 잘못 말했을까요?"

참으로 안타까운 이야기들입니다. 탈락한 이유야 여러 가지였겠지만 그중 딱 한 가지만 짚어서 이야기해달라고 한다면 '면접에서 말할 거리를 제대로 준비하지 않았을 가능성이 높다'고 말해주고 싶습니다. 마치 전쟁 영화에서 주인공이 적군을 향해 기관총 쏘듯 즉흥적으로 말하고 나온 것이 불합격의 원인일 가능성이 높습니다. 시험 당사자는 '나는 할 말 다하고 나왔지!'라는 생각에 마음이 후련할지는 모르겠으나, 순간적으로 생각난 말들을 이야기한 것과 합격할 만한 대답을 했느냐는 엄연히 별개의 문제입니다.

한번 생각해봅시다. 예를 들면, 면접관은 학생부나 자기소개서에 적혀있는 지원자의 독서활동에 대해 묻기도 합니다. 면접관은 수험생이 읽었던 책의 세부 내용이 궁금한 것일까요? 아니면 그 책을 정말 읽었는지 아닌지를 확인하고 싶은 것일까요? 면접관은 대한민국의 고등학생이라면 누구나 하나쯤 가입하는 동아리 활동에 대해 묻기도 합니다. 좀 이상하다고 생각하지 않나요? 분명히 면접관들은 수험생들이 면접장에 도착하기 훨씬 이전부터 이미 학생부와 자기소개서를 샅샅이 읽어보고서는 '음, 이 학생은 이러이러한 동아리 활동을 열심히 했구나'라고 구체적으로 알고 있을 가능성이 높은데, 지원자를 만나면 또 물어본다는 것입니다.

도대체 왜 그럴까요? 간단히 말하면 면접관들은 지원자가 대학에서 전공을 공부하기에 적합한 인재인지를 다양한 각도에서 확인하고 싶기 때문입니다. 그러므로 면접에서는 자신이 지원한 대학, 전공에 적합한 사람이며 이미 준비된 학생임을 준비된 답변을 통해 드러내야 하지 대충 떠오르는 말로 질문에 반응해서는 안 됩니다.

"학종(학생부종합전형) 시대의 면접 책도 써주세요."

논술 특강을 진행했었던 전국의 여러 고등학교의 선생님들과 학생들의 요청으로 《기적의 명문대 논술 합격비법》이라는 책을 먼저 출간했습니다. 그러자 특강을 듣는 학생 중에 몇몇이 와서는 다음처럼 말하는 것이었습니다.

"선생님, 저는 수시에서 논술로는 2곳, 학생부종합전형으로 4곳의 대학에 지원하는데요. 자기소개서나 면접에 관련된 책도 빨리 써주시면 안 될까요?"라고 말입니다. "글쎄다. 긍정적으로 검토해볼게"하고 별생각 없이 대답했었는데 그 뒤로 학부모님들이 연락을 하셔서는 "선생님, 제 아이가 다니는 학교에서 강의하셨던 자소서, 면접에 대한 내용들도 책으로 나왔으면 하는 바람이 있습니다. 책으로 나오면 학생들이 그 책을 교재 삼아 복습하기도 쉬울 것 아네요"와 같은 말씀들을 하셨습니다.

"논술 책을 먼저 썼는데 소요시간이 만만치가 않더라고요"라고 조심스럽게 말씀드리니까, "요즘 학생부종합전형이 대세(大勢)라 고등학생들이 자기소개서와 면접에 신경을 더 쓰는 상황인데 왜 논술 책부터 먼저 내셨어요? 우리 아이는 올해 수시에서 논술시험은 보지 않겠다는데, 어떻게 하란 말인가요. 학생부종합전형과 관련된 책도 빨리 내주세요"라며 호소를 하는 분들도 계셨습니다.

심지어는 수업을 듣고 합격해 이제 대학생들이 된 친구들이 "강사님, 제가 졸업한 학교에서 올해도 특강을 진행하고 계신가요? 올해는 안 하신다고요? 그럼 저희들에게 강의하셨던 내용으로 면접에 관한 책을 좀 써주시면 안될까요? 후배들에게 그 책이라도 읽고 면접에 들어가라고 말하려고요"와 같은 요청을 해오기도 했습니다.

제 강의가 도움이 되어 '대입'에서 이미 목표를 달성한 대학생들의 요구와 특강을 진행했었던 전국의 여러 고등학교의 선생님들과 학생들의 부탁, 한 번도 가본 적 없는 경북 문경이나 충북 제천, 전남 강진, 해남, 완도, 경남 사천, 진주, 경기도 파주, 구리 같은 곳에서 자녀의 대입을 위해 애타게 조언을 구했던 학부모님들을 위해 이 책을 썼습니다. 나아가 전국의 어딘가에서 대입 면접을 준비하는 방법을 몰라 전전긍긍하는 수험생들에게 이 책이 조금이나마 도움이 되었으면 합니다.

이 책은 최근 5년 동안 최소 700명 이상의 고등학생들이 학생부종합전형으로 합격하는 데 도움을 준 저의 '고교 입시면접 특강' 내용을 압축한 것입니다. 편안한 마음으로 일독하면 면접에 대한 공포가 어느 정도 해소될 거라 자부합니다. 이른 아침부터 이 책을 쭉 한번 읽고서 책상 위에 자기소개서와 학교생활기록부 복사본을 펼친 다음, 이 책에서 제시하는 방법대로 자신만의 사례와 스토리를 정리해봅시다. 아마 늦은 저녁 무렵에는 '대입 면접은 이렇게 준비하면 되는 거구나' 하는 확신에 차 있을 것입니다.

우리는 살아가면서 끊임없이 누군가와 대화할 것이며, 언젠가 생을 마감하는 순간에도 누군가와 몇 마디를 나눌지도 모릅니다. 결국 '대입 면접'도 삶의 과정에서 입시에 초점을 맞춘 상대방과의 의사소통일 뿐입니다. 그러므로 대입 면접은 준비하는 데 비용을 터무니없이 많이 들이거나 어렵게 접근할 필요가 없습니다. 다만, 학교의 친구들이나 가족들과 대화를 나누던 말하기 방식에서 '입학'이란 목적성을 가진 말하기로 잠시만 전환하면 됩니다. 그럼 어떻게 말하는 방법이나 태도를 바꾸면 될까요?

이제 그 방법들을 이 책을 통해 차근차근 설명하려고 합니다.

0교시

나도
대입 면접에서
꼭!
합격하고
싶다

SUCCESS... 99%

〈1장〉

여기까지 왔는데 면접에서 실패할 순 없다

'면접에 갈 수 있게 되었다'는 상황은 '합격의 결정적 찬스(chance)를 잡았다'는 말과 같습니다. 학생부종합전형은 대학마다 조금씩은 차이가 있지만 1차적으로 서류 평가를 통해 최종 합격자의 3~5배수를 뽑은 다음, 그렇게 추려낸 지원자들을 불러다가 면접을 보는 방식을 대체로 취하죠.

사실 대입 전형에서 3~5:1 정도의 경쟁률에 불과한 시험이 있다면, 과감하게 승부수를 던져야 합니다. 주로 수능 성적이 핵심인 정시선발은 해마다 평균 10~30:1의 경쟁률에 육박하고, 논술시험은 보통 40:1의 경쟁률을 훌쩍 넘기며, 실기 평가가 주축을 이루는 예체능계 선발의 경쟁률은 70:1은 기본에다 100:1이 넘는 곳도 다반사입니다. 그러므로 어떤 수험생이 학생부종합전형의 1차 서류전형을 통과한 다음, 면접이라는 3~5:1이라는 경쟁률 범위에 들어왔다면, 이는 현행 입시제도에서 '가장 합격하기 쉬운 찬스'를 얻은 거나 마찬가지인 셈이죠. 그럼에도 불구하고 면접에서 '미리 준비한 말'을 응용해서 답변하는 것이 아니라, '어떻게든 되겠지'라는 생각으로 질문에 즉흥적으로 답변하고 돌아오겠다는 안일한 학생들이 가끔 있습니다.

📖 짧은 시간 내에 결판나는 대입 면접

　　면접은 짧은 시간 내에 평가가 이루어집니다. 해마다 대입수시 선발이 마무리되는 12월 말이 되면, "선생님, 10~20분 정도의 면접시험으로 당락이 정해진다는 건 문제가 있지 않습니까?"라며 불만을 토로하는 학생들을 만납니다. 아마 학생부종합전형에서 탈락해서 그렇겠지요. 수험생의 입장에서는 면접이란 꽤 평가기준이 애매하고 나아가 억울하게 느껴질 수도 있는 평가방식일지도 모릅니다. 지원자의 대부분은 고등학교 3년 동안 아침부터 야간 자습까지 열심히 공부도 하고 남은 시간을 쪼개어 교내외 활동, 봉사, 동아리 활동도 충분히 했을 텐데, 그 과정들에 대한 세밀한 검토도 생략한 채 '10~20분 이내의 질의응답으로 수험생을 제대로 평가할 수 있냐'는 의문이 생기는 거죠.

　　그러나 입학사정관들이나 수험생을 평가하는 교수의 관점에서 생각해보면 '대입 면접'의 의미는 또 달라집니다. 만약 어떤 고3 학생이 수시 학생부종합전형으로 A대학을 지원했는데, 그 대학과 전공이 인기가 높아 경쟁률 또한 상당할 거라 가정해봅시다. 여기서 20명을 최종 선발하는 어느 학과 경쟁률이 수십 대 일이라서 최소 500~600명이 지원했다고 생각해봅니다. 그렇다면 면접은 최종합격자의 3~5배수를 1차 서류전형으로 통과시킨 다음, 그 통과한 사람들을 부르기 때문에 면접장에는 대략 60~100명 정도가 올 것입니다. 만약 100명 정도가 서류전형을 통과하고 면접에 왔다면 한 사람당 10분씩을 할애해도 대략 1000분, 16시간 이상이 소요된다는 결과가 나오죠. 지원자가 2명씩 면접 장소에 들어가 평가를 받아도 총 8시간 정도의 시간이 소요됩니다. 면접관들은 이 시간만으로도 꽤 고단한 시간을 보내고 있다는 것을 추측할 수 있습니다.

📖 누구나 대답할 수 있는 답변은 매력적이지 못하다

다음 사례는 2017년도 면접시험에서 있었던 지원자와 면접관 사이의 대화내용입니다. 이 수험생의 답변을 눈여겨보고, 괜찮은 대답을 했는지 한번 판단해보길 바랍니다.

면접관: 본인의 장점에 대해 이야기해볼래요?

수험생: 예. 저는 고등학교 3년 동안 연극 동아리 활동도 꾸준히 했고, 인근 도서관에서 봉사활동도 열심히 했으며, 독서도 틈틈이 많이 했다고 생각합니다. 이런 걸로 봐서 성실한 것이 제 장점이 아닐까 생각합니다.

면접관: 지원자는 본인의 장점으로 독서를 많이 한다고 말했는데, 그렇다면 자신이 고등학교 때 읽은 책 중에서 기억에 남는 내용이 있다면 한번 말해보세요.

수험생: 여러 권이 기억에 남는데, 그중에 과학자 칼 세이건이 쓴 《코스모스》가 가장 기억에 남습니다.

면접관: 다 말한 건가요?

수험생: 《총, 균, 쇠》라는 책도 기억에 남는 책입니다. 그 책의 저자는 음…… 긴장해서 갑자기 기억이 안 나네요.

위의 내용을 읽어보니 어떻습니까? 제가 생각했을 때 이 답변은 그럭저럭 '답'은 했지만, 임팩트(impact)가 있거나 면접관의 기억에 남을 만한 대답은 아니라는 생각이 듭니다. 왜냐하면 다른 수험생 B, C도, 재수생 D도 '본인의 장점을 이야기해보세요'하고 면접관이 물어보면, 누구라도 위 대답과 비슷하게 대답할 것만 같기 때문이죠.

누구나 쉽게 대답할 만한 답변은 면접관의 귀를 사로잡기가 힘듭니다. 남과 차별점이 없는데 어떻게 '나'를 뽑아달라고 면접관에게 각인시킬 수가 있겠습니까? 평범하면서도 짧은 단답형의 말을 계속했던 사례의 여학생은 우수한 내신 성적과 활발한 교내외 활동 기록을 가지고도 원하는 대학에는 끝내 합격하지 못했습니다.

📖 즉흥적으로 대답하고 오겠다고?

위 사례의 여학생은 면접을 얼마 앞두고서 나에게 와서 다음과 같은 말을 했었습니다. "강사님. 저는 전국 토론대회 결선에도 여러 번 진출했고, 오랫동안 한 학생회 활동 덕분에 여러 사람들 앞에서 말하는 것도 별로 두렵지 않아요. 그러니까 면접에서 입학사정관이나 교수님의 질문을 듣고 순간적으로 떠오르는 것만 말해도 괜찮지 않을까요?"라고 말입니다.

그 말을 듣고, 나는 다시 조언해주었습니다. "그래도 약간이라도 준비를 하고 면접에 가는 게 좋을 텐데? 고등학교 생활 중에서 기억에 남는 사례나, 어려웠던 점을 극복했던 이야기, 아니면 스스로 생각해봐도 자신을 칭찬할 만한 부분들을 정리한 다음 면접에 가는 거지"라고 말이죠. 그러나 자신감으로 충만(?)했던 그 여학생은 "자기소개서를 계속 고치면서 학교생활기록부와 자소서 내용을 거의 외우다시피 하는데, 제 이야기들을 따로 뽑아 정리할 필요가 있을까요? 남은 기간에는 수능준비에만 올인(all-in)하려고 해요"라고 시큰둥하게 말했습니다.

자신의 말솜씨만 믿고 '생각나는 대로, 즉흥적으로' 면접에서 답변하겠다고 말한 이 학생의 결과는 결국 어떠했을까요? 우수한 내신 성적이었지만, 본인이 원하는 대학에는 끝내 합격하지 못했어요. 그저 내신을 크게 반영하는 교과전형에서 성적에 맞춰 지원한 대학 1곳에 합격했을 뿐입니다. 또한 면접관들의 '꼬리에 꼬리를 무는' 추가 질문의 압박감에 지원자가 종종 우는 상황이 발생하기도 합니다. 위의 여학생은 자기가 여러 번 읽었던 《총, 균, 쇠》의 저자를 면접에서 기억해내지 못하자 몹시 당황스러웠다고 합니다.

과연 그 질문의 답변에서 책의 저자인 캘리포니아 대학의 제러드 다이아몬드 교수를 기억해내는 것이 중요한 포인트였을까요? 그런데 엎친 데 덮친 격으로 옆에 있던 다른 입학사정관이 연이어 질문을 던집니다. "그렇다면 《총, 균, 쇠》를 읽고 난 뒤 본인이 느낀 점, 변화된 점이 있다면 무엇인가요?"라고 말이죠. 이미 저자를 기억해내지 못한 엄청난 실수(?)를 저질렀다고 착각한 이 수험생은 질문에 더 이상 대답하지 못하고 울음을 터뜨립니다. 입학사정관들은 눈물을 흘리는 수험생에게 위로의 말을 건넬지언정, 그 감정에 동요되진 않습니다. 그들은 해마다 이런 상황에서도 지원자를 평가하기 위해 고도로 훈련되어 있는 사람들이기 때문입니다.

📖 면접의 두려움은 준비로 해소될 뿐!

면접의 두려움을 기회로 바꾸기 위한 가장 쉬운 방법이 뭘까요? 그건 바로 '준비'입니다. 영화 〈명량〉에서 이순신 장군은 다음과 같이 말씀하시죠. "두려움을 용기로 바꿀 수만 있다면 그 용기는 백배, 천배의 더 무서운 용기로 나타날 것이다"라고 말입니다. 이 말씀은 대입 면접에도 제법 들어맞습니다. 학생부종합전형의 면접 앞에선 누구나 두렵고 떨리기 마련입니다. 이제까지 생활하고 공부해왔던 '홈그라운드'를 잠시 떠나 낯선 곳에서 면접이라는 '원정경기'를 해야 하기 때문이죠. 그러나 약간의 시간을 들여 면접을 '준비'한 수험생들은 면접에 대한 공포와 두려움을 '용기'로 바꿀 수 있습니다.

자기소개서, 학교생활기록부를 바탕으로 자신만의 개성을 녹여낸 스토리를 준비한다면, 그 사례와 스토리들이 거북선이 되어 예상치 못한 돌발질문들도 뚫고 나갈 수 있습니다.

자, 이제 그 준비는 어떻게, 어떤 방식으로 하는 것인지 자세히 풀어나가겠습니다.

⟨ 2장 ⟩
성공적인 면접을 위해
자기소개서부터 미리 잘 써라

　해마다 인터넷으로 학생부종합전형 서류를 접수하는 9월 정도가 되면 "강사님, 저는 서류전형을 통과해서 면접장이라도 가봤으면 좋겠어요"라고 말하는 학생들을 만납니다. 호랑이를 잡으려면 호랑이 굴을 찾아야 되고 물고기를 잡으려면 바다 근처라도 가서 그물이나 낚시를 던져야 하는 것처럼, 면접에서 자신의 말솜씨로 진검승부를 펼치기 위해서는 서류전형을 먼저 통과해야 하는 것 아니겠습니까?

　내신 성적도 좋고 교내외 활동도 열심히 했으며 주위 사람들로부터 "너는 미국의 오바마 전(前)대통령처럼 말을 잘하는 구나!"라는 극찬을 들어도, 면접이 포함된 학생부종합전형에서는 서류전형에서 탈락하면 속된 말로 '말짱 도루묵'이 됩니다. 그러므로 면접에서 '합격하고자 하는 의지와 열정을 평가받을 기회'를 얻으려면, 자기소개서 작성에 공을 들여 1차 서류전형을 통과해야 한다는 결론에 도달합니다. 이때, 경쟁자들의 내신이 서로 엇비슷하다면 자기소개서를 '미리미리 작성하고 꾸준히 수정해나간다'는 마음을 먹어야 합격에 가까워집니다.

📖 공들인 자소서는 무너지지 않는다

3학년 1학기가 지나면 내신 성적은 대략 결정이 난 상황일 것이므로 이제는 자기소개서를 잘 쓰는 일이 중요합니다. 면접관이 읽고서는 '이 학생 한번 만나보고 싶은데?', '왠지 관심이 가는 학생이구만'과 같은 생각을 불러일으킬 만한 인상적인 자소서를 작성해야 합니다. 학생부종합전형은 1차 서류전형을 통과하지 못하면 물거품, 즉 무(無)로 돌아가는 평가방식입니다. '저는 가능성 있는 학생입니다. 열정도 있고 성실합니다. 그러니까 이토록 간절한 저를 좀 뽑아주세요!'라고 심사위원들을 설득할 기회가 사라지고 마는 것이죠.

어떻게 하면 입학사정관들의 호기심을 자극하는 자기소개서를 작성할 수 있을까요? 다양한 방법이 있겠지만 먼저 '미리미리 쓴 다음, 천천히 고쳐 나간다'는 전략을 세워보라고 권하고 싶습니다. 이에 관한 이야기가 하나 있습니다. 2016년 12월 성탄절을 며칠 앞둔 어느 날, 인천 부평구의 어느 고등학교에 다니는 남학생 한 명이 관악구 봉천동의 공부방에까지 찾아왔습니다. 몇 학년이냐고 물어보니 2학년이라고 해요. 저는 이 학생이 겨울 방학을 통해 부족한 수능 과목이나 뒤처진 내신 과목을 향상하는 요령이나 묻겠거니 하고 짐작했습니다. 그런데 그 학생은 만나자마자 대뜸 다음과 같은 말을 하는 것입니다.

"선생님, 제가 자기소개서를 대강 완성해보았는데 한번 검토해주실 수 있으신가요?"

"(잠시 당황) 응? 넌 아직 2학년인데 벌써 다 썼니?"

"네. 고등학교 3학년들은 실질적으로 교내외 활동이나 봉사활동을 잘 안하잖아요. 그래서 이미 학생부를 미리 한 부 복사해놓고 틈틈이 작성해 보았어요. 앞으로도 자투리 시간을 활용해서 보완하고 담임 선생님이나 강사님께 지속적으로 조언을 구하려고 합니다."

저는 그 '미리미리' 하는 태도가 기특해서 이 학생에게 덕담을 해주었 습니다. "잘했다. 넌 네가 가고자 하는 대학에 적어도 한 군데 이상은 반드 시 붙을 거다. 내가 장담한다"라고 말입니다. 이후로 학생은 이메일과 카 카오톡을 통해 수시로 자기소개서의 방향에 대한 조언도 구하고 첨삭을 부탁하기도 했었습니다. 3학년 때, 이 학생의 입시결과는 어떠했을까요? 이 학생은 2017년도 학생부종합전형 수시선발에서 연세대 사회학과, 한 양대 정책학과, 성균관대 자유전공학부, 서강대 사회학과를 모두 합격했 습니다. 소위 '학생부종합전형 4관왕'이 된 것입니다.

해마다 입학사정관들은 수많은 자기소개서를 검토합니다. 비슷비슷 한 내신 성적과 교내외 활동을 경험한 학생들이 겨루는 학생부종합전형 의 특성상, 뭐라도 남과 다른 자기소개서가 눈에 쏙 들어올 수밖에 없겠 지요. 예를 들면, 고등학교 때 경험한 사건들을 연대기처럼 나열한 자소 서보다는 핵심사건에 집중해서 자신만의 깨달음, 의미나 가치, 교훈 등을 충분히 서술한 자소서나 한 분야에 대한 깊은 열정이 일관성 있게 녹아있는 자소서가 상대적으로 면접관들의 눈에 띄기가 쉬울 것입니다.

📖 자기소개서 좀 미리미리 쓰자

다시 말하지만, 학생부종합전형 1차를 합격하기 위해서는 자기소개서를 일찍 작성하고 난 뒤, 천천히 고쳐 나가겠다는 전략이 지혜롭습니다. 자기소개서 초안의 작성 시점은 빠르면 빠를수록 좋습니다. 처음에 작성해본 자소서가 다소 불완전하다 할지라도, 시간을 두고 차근차근 교정해나가면 나중엔 수준 있는 글이 되지요.

모름지기 글이란 고치면 고칠수록 나아지기 마련입니다. 따라서 첨삭 한 번 제대로 못한 자기소개서와 충분히 시간을 들여 3~5번 이상 고친 자기소개서는 차이가 날 수밖에 없습니다. 면접관이 대충 훑어보아도 정성을 들인 자기소개서와 그렇지 않은 것은 구별이 쉽습니다. 따라서 고2가 끝나갈 즈음에는 자소서의 초안을 대략이라도 한번 작성해보라고 권하고 싶습니다.

만약 이 시기에 자기소개서를 대강이라도 한번 작성해보지 못하고 3학년으로 올라왔다면 어떻게 하는 것이 좋을까요? 방법이 있습니다. 자기소개서 각 항목에 대한 글감(소재)들을 틈틈이 모아두는 것입니다. 그런 다음, 그 소재들을 가지고 특정 시간(예를 들면, 고3 여름방학이나 3학년 학기초)을 택하거나 자투리 시간을 활용해서 작성하는 것이 좋습니다. 특히, 중하위권 이하의 학생들은 학생부종합전형의 경쟁이 치열합니다. 그러므로 자신이 그 성적범위에 해당한다는 판단이 들면, '나는 자기소개서를 일찍 작성하고, 한 번이라도 더 교정할수록 수시 학생부종합전형 합격에 가까워지겠구나'라고 생각하는 것이 좋습니다.

위에서 말했던 고등학생처럼 고3이 되기도 전에 자기소개서를 이미 완성한 학생이 있는가 하면, 보통 9월에 있는 서류제출 마감 직전까지도 완성하지 못해 전전긍긍하는 학생들도 상당합니다. 시간에 쫓겨서 만들어진 자소서는 완성도가 떨어질 수밖에 없습니다. 수험생의 개성과 장점을 충분히 녹여내지 못하거나 사건들만 대충 나열한 글을 쓰기가 쉽지요.

그런 상황에서 작성된 자소서를 보면 일기처럼 썼거나 항목별로 글자 수가 맞지 않는 것은 물론, 단락 한 번 나누지 않고 글을 써서 끝까지 읽기 힘든 글도 많았습니다. 결국 시간에 쫓겨 작성하면 '아무렇게나 쓴' 자소서가 되기 쉬워 상대적으로 내신 성적이나 교내외 활동이 탁월하지 않는 한, 1차 서류전형의 경쟁을 뚫을 만한 '매력적인 자소서'가 되기 힘든 것이죠.

어떤 학생들은 고3이 된 해 8월이나 9월 초가 되어서야 작성하려고 덤벼듭니다. 매년 9월 중순 즈음에는 학생부종합전형 원서접수가 시작되는데도 말입니다. 이때가 되면 '어떻게든 되겠지'하는 막연한 생각으로 자소서를 작성한답시고 끼적거려 놓고서는 메일로 보내 첨삭해달라고 떼를 쓰거나 강사에게 고액을 주고 대필을 맡기기도 합니다.

심지어 어떤 불쌍한 부모님은 자녀의 대입 자소서를 대신 쓰는 '때 아닌 날벼락'을 맞기도 하죠. 그런 자소서를 '타(他)소서'나 '자소설'이라 불러야지, 어떻게 자신을 뽑아달라고 대학을 설득하는 '자기소개서'가 될 수 있을까요? 특히 돈을 주고 대필을 맡기는 행위는 엄연한 '범죄행위'라는 것을 기억해야 할 것입니다.

📖 면접의 연장선상에 놓여있는 자기소개서

면접관은 떨어트릴 만한 자기소개서를 우선 솎아내려 할 것입니다. 수많은 자소서 중에서 지원한 대학이나 학과에 대한 열정이 보이지 않거나, 성의 없이 작성한 자소서는 쉽게 알아볼 수 있습니다. 따라서 지원자들의 내신 성적이 서로 비슷하다면 대충 쓴 자소서는 서류전형에서 탈락할 확률이 높지요. 면접관들은 대학과 전공에 최적합한 인재를 선발하기 위해 골몰하는 사람들입니다. 그런데 보통 학생부종합전형으로 같은 대학과 전공에 지원한 학생들의 우열은 가리기 힘들 정도로 엇비슷합니다. 그렇다면, 성의 없이 쓴 자소서는 한쪽 구석에 놓일 가능성이 높지 않을까요?

자기소개서는 단순히 학생부종합전형 1차 서류전형 통과용이 아닙니다. 앞으로 차차 설명하겠지만 자기소개서는 당락을 최종적으로 결정

짓는 면접에서 자신에게 유리한 상황을 만들어주는 발판이라고 생각해둬야 합니다. 그런 관점에서 볼 때 자기소개서는 글이지만 '면접의 연장선상'에 놓여있다는 것을 기억해야만 합니다.

⟨ 3장 ⟩
면접관을 홈그라운드로
끌어들이는 도구, 자기소개서

곤충의 세계를 다루는 자연 다큐프로그램 등에서 '개미지옥'을 본 일이 한번쯤 있을 것입니다. '개미귀신'이라고도 불리는 이 명주잠자리의 유충은 모래밭을 절구 모양으로 판 다음 그 속에 들어가 먹이를 기다립니다. 그러다가 작은 곤충들이 개미지옥에 굴러 떨어지면 툭툭 모래를 끼얹어, 경사면을 탈출하려다 미끄러지는 먹이를 잡아챕니다. 이 개미지옥의 구조처럼 자기소개서는 면접관들을 지원자의 '홈그라운드(homeground)'로 끌어들여서 유리한 답변을 할 수 있게 만들어주는 도구라고 말할 수 있습니다.

'면접은 자기소개서를 작성할 때부터 시작된다'고 생각해야 합니다. 왜냐하면 당락의 결정권을 쥔 면접관들은 학교생활기록부와 수험생이 직접 작성한 자기소개서를 참고해서 예상 질문을 준비하기 때문이죠. 면접관들은 지원자의 자료들을 검토하면서 의문이나 궁금한 점을 체크한 다음, 그 부분을 수험생을 불러다 직접 확인하고 싶을 겁니다. 이때, 지원자가 자기소개서를 구체적으로 작성해 놓았다면 답변하기 유리한 질문들이 쏟아질 확률이 높아집니다. 왜 그럴 수밖에 없는지, 그 이유를 이제 설명해보려 합니다.

⋮

📖 면접관이 질문을 미리 뽑아내는 방법

아래는 2장 〈성공적인 면접을 위해 자기소개서부터 미리 잘 써라〉에서 언급했던 학생의 자기소개서 1번 문항의 내용입니다. 천천히 한번 읽어보기 바랍니다.

---

1. 고등학교 재학기간 중 학업에 기울인 노력과 학습 경험에 대해 배우고 느낀 점을 중심으로 기술하기 바랍니다.

특목고에서 일반고로의 전학은 내 인생, 특히 학업에서의 큰 전환점이었다. 어릴 적 경제적 이유와 성격 차이로 부모님은 이혼하셨고, 어머니는 큰 충격에 각종 만성질환을 앓으셨다. 절망적인 상황이었지만 어머니와 단둘이 살면서 어머니를 도와드렸다. 중학교 때는 최상위권 성적을 유지하여 큰 꿈을 안고 국제고에 입학했다.

　그러나 내가 기숙사 생활을 하자 어머니는 우울증에 집안일도 손에서 놓으시고 건강도 악화됐다. 고민 끝에 어머니를 곁에서 지켜드리며 공부하기로 결심하고 일반고로 전학했다. 내신을 따러 왔다는 주변의 시선을 이기며 나 자신을 혹독히 다스렸다.

　선생님들은 나를 '부담스러운 응시자' 혹은 '퇴근 시간의 불청객'이라고 부르셨다. 수업시간에는 선생님을 뚫어져라 쳐다보며 농담까지 다 필기했고, 방과 후엔 모든 과목의 선생님들을 찾아가 질문했다. 학교

⋮

에 아무도 없을 때까지 공부하다 전기가 차단돼 갇히기도 했다.

시험 열흘 전, ① 기흉으로 응급실에 갔을 때도 공부를 포기할 수 없었다. 흉관 시술 중에도 배운 것을 암기했고, 빨리 건강을 회복하려는 간절함으로 하루 만에 퇴원해 모두를 놀라게 했다.(면접관: 사실일까? 더 물어보고 싶은데?) 이러한 몸부림으로 고2 때는 거의 모든 과목에서 전교 1등을 했다.

고3 때 체력적, 정신적 한계를 느끼자 시행착오 끝에 ② '삼박자 공부법'을 개발했다.(면접관: 삼박자 공부법에 대해 좀 더 자세히 물어보고 싶은 걸?) 새벽 5시 전에 일어나 깊은 기도와 명상으로 정신을 가다듬었다. ③ 체력 관리를 위해 3㎞ 거리의 학교를 걸어서 등교했다.(면접관: 대단한데? 이 부분에 대해서도 구체적으로 물어보고 싶군.) 시간을 아끼기 위해 늘 노트를 끼고 다니며 복습했다. 이렇게 정신, 체력, 시간을 모두 잡으니 최상위권을 유지할 수 있었다.

이러한 학업 경험은 결국 내 인생을 바꾼 스승이 되었다. 집안환경으로 늘 불안하고 주눅 들어 있던 성격에서, 일반고로 전학하는 과정 중에 다른 사람들의 오해나 나의 부족함에도 낙심하지 않고 끝까지 하는 정신을 갖게 되었다. 또 목표를 향해 가더라도 한 가지뿐 아니라 여러 상황을 함께 고려하는 지혜를 갖게 되었다. 앞으로도 역경이 주는 가르침을 스승 삼아 나를 만들어나갈 것이다.

이때, 위 자기소개서에서 밑줄 친 ①, ②, ③과 같은 부분은 면접관이 수험생의 자소서를 읽고서 '실제로 그런 행동을 했을까?', '그런 실천을 했다면 대단한데?'와 같은 궁금증을 자아낼 만한 부분입니다. 이처럼 면접관의 호기심을 불러일으킬 만한 이야기들이 군데군데 숨어 있어야 합니다. 당시 서강대학교 입학사정관은 이 학생에게 "삼박자 공부법에 대해 한번 설명해보세요"라고 물어보았다고 합니다.

📖 자기소개서라는 홈그라운드로 면접관을 끌어들여라

위의 학생은 자소서 공통문항 2번을 다음처럼 작성했습니다. 당시 연세대학교 면접관은 이 학생의 자기소개서 공통항목 2번 내용 중에서 밑줄 친 ④의 '샐러드 볼 학급'에 대해 묻습니다.

---

2. 학교생활 중 배려, 나눔, 협력, 갈등 관리 등을 실천한 사례를 들고, 그 과정을 통해 배우고 느낀 점을 기술하기 바랍니다.

"참~ 미련한 놈!"

선생님께서 말씀하셨다. 하필이면 고3 때 많은 시간을 들여 반장 활동을 했고, 상위권 애들이 시간 뺏긴다고 좀처럼 안 하는 환경도우미를

⋮

2년이나 했기 때문이다. 가치 있다고 여겨지는 것은 손해를 보더라도 끝까지 밀고 나갔다.

학급회장 활동은 소극적인 나를 적극적인 리더로 바꿔줬다. 가정적 어려움과 전학으로 인한 환경 변화로 위축되었던 나는 2년간 학생회 활동을 하지 않았다. ④ 그런데 고2 때 분노조절장애 학생 A와 통합 학급, 무기력증 학생 등이 모인 '샐러드 볼 학급'을 보며 생각이 깊어졌다. 반장은 급우들을 강압적으로 대했고, 이대로 고3 때까지 이어지면 안 된다고 생각했다. 이런 내 생각을 발표해 고3 때 이례적으로 학급회장 이 바뀌게 되었다.

우선 상부상조하는 학급조직을 만들었다. 그중 학습내용관리부가 학급에 기여한 바가 컸다. 과목별로 뛰어난 친구들을 설득해 매 시험 전에 유인물을 부탁했고, 일일이 복사해 모두에게 나눠줬다. 시험 때 그 것을 참고하는 친구들을 보며 보람찼고, 고3 내내 우리 반이 상위권을 유지했다.

가장 큰 문제는 A와 다른 급우의 갈등이었다. 해결방법에 대한 고민 끝에 당사자를 모아 1시간 이상 대화하며 갈등해소의 발판을 마련했다. A는 눈물 쏟으며 솔직하게 얘기했고 서로 배려할 것을 약속했다. 학급 회장 활동을 하며 합리적인 조직의 효과성과 조직의 갈등관리에 있어 서 소통의 장이 얼마나 중요한지 절실히 느꼈다.

학교의 쓰레기 무단투기가 심해져 모두가 골머리를 앓았다. 그래서 특히, 날마다 쓰레기가 늘어가는 스탠드 구역의 환경도우미를 자원했다. 체육시간 후의 쓰레기더미와 가을의 낙엽무더기를 치우다 빗자루가 망가지기도 했다. 그러나 꾸준히 청소하다 보니 어느새 요령이 생겨 나중에는 미션 완수 시간이 훨씬 단축됐다. 고생한 만큼 보람을 크게 느꼈고, 공동체 문제에 솔선수범해 직접 나서는 것의 중요성을 깨달았다.

여기서 중요한 점은 연세대학교 면접관이 "샐러드 볼이라고 학급을 표현한 것에 대해 자세히 알고 싶은데 말해줄 수 있나요"라고 질문을 던지는 순간, 면접관은 이 학생의 홈그라운드에 들어온 거나 마찬가지라는 것입니다.

왜냐하면 이 학생은 ④부분에서 면접관이 질문할 것을 미리 예상해서 추가 질문에 대한 답변까지 준비해놓고서는 '명주잠자리 유충'처럼 기다리고 있었기 때문입니다.

📖 자기소개서를 작성할 때부터 면접은 시작된다!

최근 대입 면접에서 가장 많은 비중을 차지하는 질문유형은 학교생활기록부나 자기소개서에 적힌 내용을 확인하고자하는 질문들입니다. 전체적으로 70% 이상은 될 거라 생각합니다. 그러므로 면접관을 지원자의 홈그라운드에 끌어들여 '나'에게 유리한 질문이 쏟아지게 만들기 위해서는 학교생활기록부에서 뽑아낸 사례나 스토리를 중심으로 생동감 있게, 구체적으로 작성한 자기소개서가 필요합니다.

만약 수험생이 그런 매력적인 자기소개서를 작성해놓았다면, 답변의 꼬리를 물고 늘어지는 추가 질문을 받아도 압박으로 느껴지기는커녕, 오히려 그 추가 질문이 지원자를 돋보이게 할 상황을 만들어낼 것입니다.

4장

질문 뒤에 숨어있는
면접관의 의도를 간파하라

기업 신입사원 선발면접에서 있었던, 전설처럼 내려오는 일화들이 몇몇 있습니다. 고속열차 승무원을 선발하는 면접에서 인사 대신에 "칙칙폭폭"하는 소리를 내면서 지원자가 들어왔다거나, 또 유명 항공사의 승무원 채용 면접에서 양팔을 쫙 벌린 채, 비행기를 흉내내면서 들어와서는 면접관들 주위를 한 바퀴 돌았다는 에피소드와 같은 것들입니다. 이런 행동들은 무거운 분위기의 면접장에 잠깐이나마 '웃음'을 주었을지는 몰라도, 해당 기업에서 신입사원을 선발하려는 목적과는 다소 무관했을 것입니다.

기차나 항공 산업은 업무 종사자들의 실수가 승객들의 생명과 직결되므로, 면접을 통해 지원자의 철저한 안전의식과 철두철미함을 확인하려는 의도가 있습니다. 마찬가지로 대입 면접의 질문들도 질문의 겉모습 이면에 '숨은 의도'가 들어 있습니다. 그래서 면접관들은 학교생활기록부와 자기소개서에 지원자에 대한 정보가 빼곡히 적혀있음에도 불구하고, 지원자를 불러다가 이것저것 확인하려고 하는 것입니다.

📖 다 적혀있는데 왜 또 물어봐요?

수험생에 대한 정보들이 학교생활기록부와 자기소개서에 자세히 서술되어 있음에도 불구하고, 면접관이 그 정보들에 관해 다시 물어볼 때는 어떤 의도가 있지 않겠습니까? 그런데 이런 사실조차 모르는 학생들이 꽤 많습니다.

예를 들어 "최근에 감동적으로 읽은 책이 뭔가요?" 혹은 "학생부에 적힌 독서 목록 중에서 ○○라는 책을 읽었다고 되어 있는데 그 책을 읽고 기억나는 부분에 대해 한번 말해보세요"와 같은 질문들을 잘 합니다.

수험생이 읽었던 독서 목록과 간단한 내용들은 학교생활기록부에 잘 기록되어 있는데 왜 또 물어보는 것일까요? 면접관들은 "여기까지 오느라 수고가 많았습니다. 그럼 자기소개 한번 해보세요"라는 질문으로 면접을 시작하기도 합니다. 이상한 일이지요. 면접관들은 이미 지원자의 학교생활기록부와 자소서를 충분히 읽어보았을 것입니다. 그런데 '자기소개해보라'고 또 묻는다는 것입니다.

이 책의 3교시에서 자세히 설명하겠지만 '자기소개 한번 해보세요'라는 질문에는 '자신의 강점이나 자랑할 만한 역량을 압축해서 이야기해보세요'라는 의도가 담겨있습니다. 또 '학교활동기록부에 ○○ 책을 읽었다고 적혀있는데 그 책의 내용에 대해 설명해보세요'라는 질문은 읽은 책의 내용을 주절주절 이야기하는 것이 아닙니다. 그 책의 핵심요지를 간단히 이야기하면서 읽고 난 후 자신이 깨닫고 느낀 점을 말한다거나, 작고 큰

39

실천적 변화가 일어난 부분을 말하는 데 초점을 두어야 합니다.

면접이 어느 정도 진행되다가 면접관이 '성적이 좋은 편인데 여러 대학에 합격하면 어느 대학에 진학하고 싶나요?' 혹은 '우리 대학에 대해서 어떤 느낌을 받았나요?'라는 질문의 의도는 지원자가 어느 정도 마음에 들기 때문에 지원한 대학에 애착이 있느냐를 확인하려는 의도로 풀이할 수 있습니다.

어색한 분위기를 해소하기 위해 "여기까지 오는데 교통편은 무엇을 이용했나?" "긴 시간 대기하느라 피곤하진 않았습니까?"와 같은 몇몇 질문을 제외한 모든 질문에는 면접관의 '의도'가 담겨있습니다.

📖 입장 바꿔서 생각해봐라

'질문의 의도'라는 표현이 다소 무겁습니까? 그럼 '욕구'나 '욕망'이라는 단어로 바꿔서 생각해보세요. 대입을 준비하는 수험생의 현실적인 욕망과 욕구는 무엇입니까? 그건 바로 원하는 대학에 합격하는 것입니다. 그렇다면, 면접관들의 욕구와 욕망은 무엇일까요? 다음 몇 가지가 있을 것입니다.

첫째, 면접관들은 자기소개서에 적힌 내용들이 진정성이 있는 것인지 확인하고 싶습니다. 요즘 대입 면접에서의 질문들은 자기소개서와 학생부의 내용을 확인하는 질문들이 대부분입니다. 그런데 합격하고자 하는 그릇된 열망에 이따금 이 자소서에 적힌 내용들을 거짓에 가깝게 부풀리는 경우가 있습니다. 우스갯소리로 거짓으로 작성된 자기소개서를 '자소설'이라고 부르기도 하는데, 적절한 '포장'은 허용되지만 소설의 창작원리인 '허구'는 학생부종합전형에서 글이든 말이든 허용되지 않는다는 것을 알아야 합니다. 면접관들은 자소서의 내용이 거짓이라고 의심이 들면 그 지점을 진돗개처럼 물고 늘어질 수도 있어요.

둘째, 평가자들은 지원자들이 전공에 대한 기초소양과 열정이 있는지 파악하고 싶을 것입니다. 현행 대입 수시선발은 6번이나 기회가 있기 때문에, 수험생들의 입장에서는 '여러 대학에 중복 지원하니까 어디 한 곳은 합격할 수 있겠지?' 하는 기대가 클 것입니다. 그러나 입학사정관들이 수험생들을 바라보는 관점은 다릅니다. 면접관들은 '이 학생 마음에 드는데 우리 대학에 합격시켜도 다른 학교로 가버리는 것은 아닐까?' 혹은 '전공에 대한 관심도 없으면서 성적에 맞춰 지원한 것은 아닐까?'하는 의문이 있습니다.

셋째, 혹시 '독특한 정신세계'의 소유자가 아닌지 검증하려고 싶을 것입니다. 이는 삼성그룹의 이건희 명예회장이 말했던 '우리 기업은 한 나라를 먹여 살릴 만한 천재를 뽑는다'와 같은 긍정적인 의미가 아닙니다. 오히려 반대입니다. 면접관은 면접이라는 필터링(filtering)을 통해 '비도덕적인 사고방식'을 지닌 지원자를 걸러내고자 할 것입니다.

설마 면접하는 장소까지 와서 이상한 말을 지껄이거나 대충 말하고 돌아가는 지원자들이 있냐고요? 여러분이 생각하는 것보다 더 많습니다. 이제는 사라진 대한민국의 법조인을 선발하는 사법시험 3차 면접시험에서 전설처럼 전해 내려오는 일화가 있습니다. 사법시험의 3차 시험인 면접은 특별한 사정이 없으면 합격시키는 형식적인 면접이었다고 합니다.

> **면접관:** 길 가다가 아무 이유 없이 노숙자에게 얻어맞을 경우에 어떻게 하겠습니까?
>
> **응시생:** 맞받아치겠습니다. 법보다 주먹이 가까우니까요.

위와 같이 대답한 사법시험 응시생은 합격했을까요? 아니면 떨어졌을까요? 예상대로입니다. 이 사람은 그해 사법시험 면접에서 불합격했습니다. 물론 길에서 갑자기 덤비는 공격자를 형법에서도 규정하고 있는 정당방위의 범위에서 '맞받아칠' 수도 있습니다. 또 우리가 살아가는 세상에는 '법보다 주먹이 가까운' 불법적인 위협이 어딘가에는 존재하기 때문에 자신의 신체와 가족의 생명을 지켜야 하는 급박한 상황에서는 주먹을 휘둘러야 할지도 모르죠.

그런데 위 답변의 문제는 사회정의를 누구보다 수호해야 할 법조인을 뽑는 면접에서 우선 법과 규범의 테두리 안에서 그 폭력상황을 해결해

나가겠다고 말한 것이 아니라, 즉시 '주먹으로 맞받아치겠다!' 즉, 폭력을 즉각 행사하겠다는 발언을 한 것입니다.

　　아무리 사법시험 성적이 좋았어도 이런 사고방식을 가진 응시자를 사법시험 면접관들이 선발할 수는 없었을 것입니다. '말'은 곧 그 사람의 '생각'을 반영하기 때문입니다. 대입 면접도 마찬가지입니다. 면접관과 학생은 난생처음 면접에서 만납니다. 그런 자리에서 수험생이 '상식에서 지극히 벗어난' 말과 행동을 거리낌 없이 할 수 있다는 자체가 '정신상태'를 의심받을 수밖에 없지 않을까요?

📖 면접의 모든 질문에는 의도가 숨어있다

　　"면접에서 하고 싶은 말은 다 한 것 같은데 떨어졌어요. 도대체 이유가 뭘까요?"

　　"앞의 질문에 제대로 답변 못한 것이 생각나서 그만 울어버렸어요. 학생부와 자기소개서에 다 적혀있는데 뭘 그렇게 자세히 물어보는 거예요?"

　　"성남시 ○○고등학교 3학년 ○○○입니다 라는 말 외에 자기소개를 어떻게 더해요?"

　　"마지막으로 하고 싶은 말이 있냐고 왜 물어보는 거예요? 수고하셨다고 말씀드리고 나오면 되는 거죠?"

⋮

학생부종합전형 1차 서류전형을 어렵게 통과하고서도 면접에서 최종 탈락한 학생들이 위와 같이 토로하는 것을 많이 들었습니다. 그 탈락한 주된 이유 중 하나는 질문의 의도를 고려하지 않고 묻는 것에 '수동적인 대응'만 하다 면접장을 나왔기 때문이라고 생각합니다. 면접이란 분위기 속에서 어쩔 수 없이 버티다 나왔다고나 할까요? 대입 면접은 묻는 것에 반응해서 수동적으로 답만 하고 나오는 시험이 아닙니다. 묻는 질문에 짧은 대응만 하다가 올 것 같으면 면접이 왜 필요하겠습니까? 그러므로 수험생은 표면적인 질문내용에만 반응하지 말고 숨겨진 의도가 뭘까를 고민하면서 능동적으로 자신의 강점이나 장점, 자랑할 만한 경험들을 적극적으로 어필(appeal)해야 합니다.

5장

나와 면접관 사이의
연결고리를 의식하라

앞에서 면접관의 질문에는 숨은 의도가 있으니 그 질문의 의도를 알아채는 것이 중요하다고 말했습니다. 그런데 그 질문자의 의도라는 것은 고등학생들이 쉽게 간파하기란 여간 어려운 일이 아닙니다. 그렇다고 해서 지원할 대학의 면접 기출 문제들을 죄다 수집해서 그 의도를 분석한 다음, 예상답변을 만들어 토씨 하나 빠뜨리지 않고 외워 말하는 일도 미련스럽습니다. 예상답변을 만든 질문들이 그 대학에서 올해도 똑같이 나오리란 보장도 없거니와 외운 티가 나는 답변은 면접관들도 별로 듣고 싶지 않아 합니다.

그러나 딱 한 가지는 기억해야 합니다. 그건 바로 수험생과 면접관 사이에 모종의 '연결고리'가 존재한다는 것을요. 그 연결지점에 대부분의 '질문의도'가 존재한다고 생각하면 면접 준비가 꽤나 쉬워집니다. 그렇다면 그 연결고리는 무엇일까요? 그 고리는 바로 지원대학과 전공(학과)으로 압축할 수 있습니다.

⋮

📖 대학은 면접관과 수험생의 1차적 연결고리다

평균적으로 30% 정도만 학생부종합전형을 통해 최종 합격하는 수험생들은 '잠재적 대학생'에 불과하지만 '입학사정관'이라고 불리는 면접관, 위원들은 대부분 '대학'에 소속되어 있는 경우가 많습니다. 그러므로 면접관들은 지원자들을 바라보면서 '우리 대학의 선발목적에 가장 부합한 학생인가?'를 따질 수밖에 없습니다. 그런데 평균적인 수험생들의 문제가 뭐냐면 면접에서 답변을 할 때 '대학'이라는 면접관과 자신 사이의 '연결지점'을 조금도 고려하지 않은 채, 정제되지 않은 경험담만 대충 말하고 나온다는 것이죠.

경희대학교의 최영신 교수는 중부일보 칼럼 〈대입 구술·면접, 평소 대비로 합격률 높이자〉(2017. 5.25)에서 다음과 같이 말합니다. 그 요지는 면접관은 지원자가 학교와 학과에 정말 필요한 인재인지 확인하고 싶다는 내용입니다.

학교마다 출제 형식이나 특징이 다르지만 공통적으로 지원자의 인성과 적성을 평가한다. 지원자가 미래 사회를 이끌어갈 지성인으로서 바른 리더십과 그에 필요한 성품들을 지니고 있는지, 지원하는 분야에 적합한 소질과 재능을 가지고 있는지를 평가하기 위한 것이다. <u>면접관은 지원자가 학교 및 학과의 인재상과 부합하는지를 중점적으로 평가하여</u> 평가 항목에 점수를 기재한다. 구술 · 면접의 평가 영역을 더 세부적으로 분석해보면 인성 영역에서는 지원자가 학문을 하기에 바른 인성을 갖추었는지, 주어진 문제나 질문에 접근하는 과정에서 어떠한 가치관이나 세계관을 드러내는지, 이를 종합했을 때 우리 학교(학과)에 꼭 필요한 인재인지 등을 평가한다.

대학의 입장에서는 지원자의 내신 성적이나 교내외 활동이 서로 엇비슷하다면 실패에도 아랑곳하지 않는 도전정신, 창의적이고 기발한 발상, 자기주도적인 학습태도를 가진 수험생을 상대적으로 선호할 것입니다. 따라서 면접관은 자기소개서와 학생부를 바탕으로 수험생의 이모저모, 예를 들면 인성, 역량, 잠재력 같은 부분을 다양한 각도에서 확인하고 싶겠지요. 이런 부분들을 체크하고 확인하려는 질문들이 최근 가장 많이 물어보는 질문 유형으로 70% 이상을 차지한다고 이미 말했습니다. 지원자의 처음 대답에 대해 '꼬리에 꼬리를 물고' 질문을 퍼붓기도 하지요.

이때, 수험생이 해마다 자주 출제되는 15개 정도의 예상 질문에 대해 자신의 경험을 토대로 한 스토리를 구축해놓았다면, 그 내용들을 응용해서 질문의도에 부합하는 답변이 가능합니다. 면접관들은 '이 학생은 우리 대학 ○○학과를 합격하기 위한 준비를 고등학교 때부터 충실히 해왔군' 혹은 '이 정도로 말할 정도면 우리 대학에 오고 싶은 열정이 꽤나 엿보이는 걸?'과 같은 생각을 하게 될 것입니다.

나아가 면접관은 '대학'과 직접적으로 연관된 질문을 던짐으로써 그 질문의도를 표면에 드러내기도 합니다. 예를 들어 "다른 대학에도 합격한다면 어느 학교에 갈 거예요?" 혹은 "우리 학교가 왜 학생을 선발해야 하는지 말해보세요"와 같은 질문들이 바로 그것입니다.

　　이 두 질문에 대한 답변을 지금 한번 해보세요. 어때요? 쉬운가요? 아마 쉽지 않을 것입니다. 그러므로 면접의 답변이라는 것은 자신의 스토리나 사례로 준비한 내용들을 바로 말하거나 응용(변형)해서 말하는 것이지, 즉석에서 생각을 떠올려 즉흥적으로 답변하는 것이 아닙니다. 결국 '질문의도'에 들어맞는 대답이란 질문의 핵심에 반응하면서 지원한 대학, 전공에서의 선발목적과 관련된 답변이라 말할 수 있겠습니다.

📖 학과(전공)는 2차적 연결고리다

　　면접관들은 지원자를 바라보면서 '지원한 전공(학과)에 적합한 인재인가?'를 확인하고 싶습니다. 수험생과 면접관이 우선 '대학'이라는 연결고리로 묶여있다면 2차적으로는 '전공'과도 이어질 것이라는 것은 쉽게 예측이 가능합니다. 면접에서 시사나 각종 사회적 이슈질문이 나오더라도 그 물음은 지원한 '전공(학과)'과 연관되어 있을 가능성이 높습니다. 예를 들어 설명하겠습니다.

다음은 어떤 학과에 지원한 학생들에게 물어볼 가능성이 높은 질문들일까요?

질문1 최근 우리나라 사회복지 제도의 문제점이라고 생각되는 부분을 한번 말해보세요.

① 영어교육학과　　　② 기계공학과　　　③ 수학교육과

④ 독어독문학과　　　⑤ 사회복지학과

질문2 마이너스 금리에 대해 아는 대로 한번 말해보세요.

① 체육학과　　　② 교육학과　　　③ 영어영문학과

④ 국제통상학과　　　⑤ 메카트로닉스공학과

정답 질문1- ⑤ 사회복지학과, 질문2- ④ 국제통상학과

수험생들은 다음 몇 가지를 기억해야 합니다.

첫째, 면접관이 시사나 이슈 혹은 제시문을 주고 사회현상에 대해 묻더라도 수험생이 지원한 학과(전공)의 범주에서 물어보지, 학과와 전혀 무관한 '생뚱맞은 주제'를 물어볼 확률이 낮습니다. 나아가 전공과 관련된 질문은 전문적인 지식을 알고 있는지를 묻는 게 아닙니다.

예를 들면, '세계 곳곳에서 벌어지고 있는 테러'나 '한국의 사드배치와

중국과의 외교문제', '촛불집회와 민주주의와의 상관관계'와 같은 이슈에 대해 입시에 쫓긴 대한민국의 고등학생들이 전문적인 지식을 충분히 정리할 만한 시간이나 있을까요? 아니면, 면접관이 물어볼지 불투명한 이런 시사 문제에 대해 답변하려고 대학생 형, 누나, 언니들이 공부하는 정치학, 외교학과 교재를 구해다가 틈틈이 공부해야 하는 걸까요? 아닙니다. 그저 고등학교에서 수업이나 교과서에서 배우고 익혔던 지식과 상식을 바탕으로 세계와 대한민국에 관한 여러 문제들에 대한 관심을 유지하는 것만으로도 충분한 것이죠.

둘째, 면접관이 시사 문제를 물어본다는 것은 수험생이 전공에 대한 관심과 열정, 기초적인 소양이 있는지와 더불어 질문을 듣고 생각한 내용을 논리적으로 설명할 수 있느냐를 확인하려는 데 그 목적이 있습니다. 시사이슈에 관한 질문들에는 '그 말이 정답이야!'라고 할 수 있는 내용이 정해져 있지 않습니다.

예를 들어, '고령화 시대에 대해 견해를 이야기해보라'는 질문에 수학 문제의 해답처럼 딱 하나의 정답만이 있을 수 있습니까? 없습니다. 우리 사회 각계각층의 지도자들과 어른들도 '고령화 사회'라는 문제의 해결방법에 대해서 지금 이 순간에도 끊임없이 다투고 있는데, 어떻게 고등학생이 '고령화 문제의 해답은 이거예요!'라고 힘주어 말할 수 있겠습니까?

면접도 일종의 '말로 하는 논술'입니다. 논술시험에서 주어진 논제를 분석해서 결론을 근거로 뒷받침해가며 글로써 출제자를 설득하는 것처럼, 지원자도 면접질문을 받고서 답변을 할 때, 결론과 타당한 근거가 있는 논리적인 태도로 면접관을 설득해야 하는 것일 뿐, 뭔가 거창한 정답을 제시해야 하는 게 아닙니다.

정리하면, 면접의 답변은 결론-근거라는 논증의 틀에서 이야기하되 '대학과 전공'이라는 두 가지 연결고리를 염두에 두면 질문의도에 어긋나지 않는 답변을 할 수 있다는 것입니다.

📖 지원대학과 전공이라는 두 개의 연결고리를 기억하라

보통 9월 정도에 학생부종합전형 지원을 마치면 면접까지는 보통 1달 정도의 시간이 남아있습니다. 이때 틈틈이 면접을 대비해야 최종 합격가능성이 높아집니다. 이때에도 '말하기' 연습만 무작정 반복한다고 해서 면접 답변실력이 느는 것이 아닙니다.

그럼 어떻게 하는 것이 좋을까요? 효과적인 방법이 있습니다. '대학과 전공'이라는 연결지점을 의식하면서 답변을 준비하고 실전같이 말해보는 연습을 하는 것입니다. 질문의도라는 것은 대부분 '지원대학과 전공'에 바탕을 두고 있습니다. 그러므로 수험생이 지원할 대학과 전공에 대한 정보와 자료들을 대학 홈페이지나 인터넷 검색을 통해 모으는 것은 면접을 준비하는 '기본 중에 기본' 자세라 할 것입니다.

그 자료들을 검색하고 정리하는 데 많은 시간이 소요되는 것도 아니지요. 그런 다음, 자신의 스토리를 바탕으로 어떻게 하면 대학과 전공이 요구하는 인재상에 부합하는 답변을 할까 고민해본다면 출제자의 의도에 어긋나지 않는 답변을 능숙하게 할 수 있을 것입니다.

〈 6장 〉
붕어빵 같은 답변으로는
합격하기 힘들다

면접시험을 앞둔 학생들을 불러다가 면접 답변연습을 시켜보면 놀라우리만큼 비슷한 말들을 쏟아냅니다. 참으로 신기한 일이죠. 각자 다른 학교, 지역에서 온 학생들인데도 한겨울, 거리에서 파는 따끈한 붕어빵처럼 같은 질문에 대해 비슷한 내용들만 얘기합니다.

만약 "자신의 장점을 설명해보세요"라고 물어보면 십중팔구는 "저는 성실하고 착한 것 같습니다" "저는 수학을 어려워하는 친구에게 설명을 잘해줍니다" 혹은 "맡은 바 책임을 다하는 성격이라고 생각합니다"라는 식으로 말입니다.

처음 한둘의 답변은 들어줄 만합니다. 그런데 10명, 20명이 연속해서 비슷한 내용의 말들을 내뱉기 시작하면 답변내용이 귀에 잘 들어오지 않습니다. 그렇다면 남과 다르게 말하는 방법을 익히는 것이 필요한데 그 방법은 그다지 어렵지 않습니다. 면접의 고수들처럼 일상적인 것을 세밀히 관찰해서 낯설게 말하고 어려웠거나 힘들었던 것을 극복했던 경험을 이야기하면 되는 것이지요.

📖 면접고수의 이야기를 들어보자

우리에게 친숙한 면접의 고수가 있습니다. 그는 바로 tvN의 〈문제적 남자〉 JTBC의 〈수요미식회〉 MBC의 〈나혼자산다〉 등의 프로그램에서 종횡무진 활약하고 있는 전현무 전 아나운서입니다. 그는 예능 프로그램에서 보여주는 까불고 끼 많은 이미지와는 다르게 대한민국에서 까다롭기로 유명한 방송사 아나운서 면접에서 떨어본 적이 없다고 해요. 그것도 3사 지상파 방송국 모두에서 말입니다. 그는 tvN의 〈스타특강 쇼〉에 나와 자신의 면접 100% 합격 노하우를 밝힌 적이 있습니다. "면접이 두려운 이유는 질문이 어려워서가 아니다. 질문은 뻔하다. 뻔한 질문에 대해 뻔하지 않게 대답을 하는 것이 중요하다"라고 말이죠.

그는 여자 아나운서를 선발하는 면접을 예로 들면서, 이때 일어나는 흔한 실수는 '닭살이 오글거리는 답변'을 하는 데 있다고 강조합니다. 예를 들어, 면접관이 "좋아하는 프로그램이 뭐냐?"고 물어보면 실제 자기가 좋아하는 프로그램도 아니면서, 누가 봐도 멋있어보이는 '열린 음악회'와 같은 프로그램을 이야기한다는 것입니다. 그는 남자 아나운서를 뽑는 시험에서 "전현무 씨는 좋아하는 프로그램이 뭐냐?"라는 면접관의 질문에 다음과 같이 대답했다고 합니다.

"개그콘서트요. 열심히 공부하고 밤 10시에 도서관에서 집에 가려고 나오는데 포장마차에서 어묵 파시는 분이 자그마한 흑백 TV를 보며 웃고 있더라고요. 너무나 해맑게. 도대체 뭘 보냐 했더니만 개콘이에요. 순간 나도 뭐가 됐든 저 작은 상자에 들어가서 누군지도 모르는 저런 분들을 정말 행복하게 해주고 싶었어요."

전현무의 답변을 보니 어떤 느낌이 옵니까? 경험했던 일화를 바탕으로 한 솔직하고 진정성이 있는 답변을 했다는 느낌이 들지 않나요? 면접에서 이렇게 말하는 방법은 사실 어렵지 않습니다. 누구나 쉽게 경험할 수 있을 만한 사건들을 여러 가지 각도에서 낯설게 한번 말해보는 것입니다.

📖 일상적인 경험을 관찰해서 낯설게 말하라

대입 면접을 앞두고 있는 수험생들이라면 학교생활에서 경험한 평범한 사건일지라도 '세밀히' 관찰하고 '낯설게' 말해보는 연습이 필요합니다. 수많은 사람들이 방송인 전 현무처럼 도서관에서 공부하고, 귀갓길에 포장마차를 보기도 합니다. 그러나 이런 평범하고 일상적인 경험이라도 그 사건에 자신이 어떤 의미와 가치, 깨달음과 느낀 점, 배운 교훈 등을 부여하느냐에 따라 전혀 다른 이야기, 즉 낯선 스토리가 될 수도 있는 거지요.

"강사님, 저는 학교를 다니는 동안 특별하게 잘한 일이 없는 것 같아요. 그래서 자기소개서에 뭘 쓰죠? 또 면접에서는 뭘 강조해서 말해야 하나요?"라고 묻는 학생들이 많습니다. 그러나 너무 걱정하지 맙시다. 어떤 학생이 치열한 대한민국의 입시제도 속에서 무언가 월등하다면 뭐 얼마나 뛰어날까요? 내신, 자기소개서, 논술, 면접, 수능 준비도 하면서 동시에 각종 동아리와 봉사활동, 교내외 활동까지 소화해내야 하는 것이 입시를 준비하는 대한민국 고등학생들의 현실 아닌가요? 방학 때 비행기를 타고 아프리카 마다가스카르에 가서 음식물 쓰레기로 하루하루를 버티는 어린이들을 도와준다거나, 내전의 고통으로 신음하는 시리아 난민들을 위해 봉사활동을 할 수 있는 상황도 아니지 않습니까?

그러므로 면접을 앞두고 있는 수험생이라면 면접장에 가서 뭔가 대단한 것을 이야기하려고 애쓰지 말고, 학교생활 가운데 '그래도 이건 스스로 생각해봐도 좀 잘한 것 같다'는 생각이 들거나 각종 교내외 활동 중에서 특히 인상 깊었던 경험들에 대해 '나만의' 의미와 가치, 생각을 부여해서 차분히 정리하는 것이 훨씬 효율적입니다. 그 경험들은 대한민국 고등학생들이 흔히 겪을 법한 평범한 소재들임에도 불구하고, 껍질을 벗고 낯선 답변 재료로 탈바꿈하게 될 것입니다.

📖 답변에 자신의 스토리나 사례, 에피소드를 곁들여라

사례나 스토리를 곁들여서 말할 때 답변은 구체적이고 솔직한 표현이 됩니다. 면접관은 지원자의 장점에도 관심을 기울이지만 어려웠던 상황을 극복한 지원자의 경험과 스토리에 더욱 집중합니다.

일본 아오모리 현의 '합격사과' 스토리를 들어본 적이 있나요? 1991년, 일본 아오모리 현에서는 사과수확을 앞두고 갑자기 태풍이 불어 사과의 90%가 떨어지고 맙니다. 모두가 낙담할 수밖에 없는 현실에서 한 청년이 독특한 발상을 해요. '생각을 달리하자. 이 사과는 거센 비바람과 태풍에도 떨어지지 않는 행운의 사과일지도 몰라'하고 말입니다.

이후에 이 10%밖에 남지 않는 사과의 껍질에 '합격사과'라는 글자를 새겨 기존의 사과보다 10배 높은 가격으로 판매하기 시작합니다. 마침 일본은 입시철이었습니다. 사과는 금세 다 팔리게 되고 아오모리 현은 전과 같은 소득수준을 유지했다는 실제 이야기입니다.

이 스토리가 흥미진진하면서도 감동을 주는 이유는 무엇입니까? 바로 눈앞의 어려움에 좌절하지 않고 대안을 마련해서 극복했다는 것 때문 아닐까요? 대입 면접도 마찬가지입니다. 자신의 장점을 부각하는 것도 중요하겠지만 고등학교 생활 중에 있었던 자신의 작고 큰 어려움들을 극복했던 경험을 이야기한다면 상대방, 즉 입학사정관의 흥미와 관심을 더 유발할 수 있습니다.

면접관들은 지원자들의 '오십보백보', '도토리 키 재기'와 같은 유사한 이야기들을 계속 듣게 됩니다. 그 과정에서 지원자들의 '잘나고 뛰어난 부분들'도 파악할 수 있겠지만, 정말 귀에 쏙 들리는 매력적인 대답은 아오모리 현의 합격사과처럼 '어려웠던 과정을 극복한' 경험들일 것입니다. 심리학적으로 사람들은 타인의 탁월하고 우수한 능력에 대해서 '참 대단한 걸!'하고 앞에서는 상대를 치켜세우지만, 상대의 역경극복 사례에는 진정성 있는 공감대를 형성한다고 합니다.

📖 붕어빵 같은 얘기 말고, 진짜 네 얘기를 하라

입학사정관들도 앵무새처럼 비슷한 답변을 하는 학생들을 연속적으로 만나다보면 지루한 느낌을 받기가 쉽습니다. 다만, 잘 훈련된 면접관들은 표정에서 그 지루함을 감출 뿐이죠. 몰려드는 학생들이 지겨운 게 아니라 유사한 '답변내용'에 그만 지치고 마는 것입니다. 배가 무척 고플 때 붕어빵이나 초코파이를 1~2개 정도 먹으면 무척 맛나겠지만, 10개를 연속해서 먹어야 한다고 생각해보세요. 오히려 먹는 행위 자체가 고통이 아닐까요? 그렇다고 뭐 대단한 소재를 면접에서 말해야 남과 차별된다는 것도 아닙니다. 그저 틈틈이 일상적인 경험과 사건을 '자세히' 또 '낯설게' 관찰하고 말하는 훈련을 하는 것이지요.

학교생활 중에 있었던 친구들과의 갈등과 또 그것을 해결한 일, 개인적으로 어려웠던 부분을 극복했던 경험들을 스토리로 준비해놓읍시다.
그 내용들을 질문에 맞춰 차분히 들려줄 때, 면접관들은 여러분의 말에
공감할 것입니다.

1교시

이것만 알아도
이미
절반은
합격한
거다

SUCCESS... 99%

〈 1장 〉
묻는 말에
결론부터 던져라

수험생은 '말'로 자신의 이미지를 면접관에게 전달할 수 있습니다. 주변에서 변죽만 빙 둘러서 말하다가 핵심은 마지막에 이야기하는 친구들이 간혹 있을 것입니다. 그런데 그 친구의 이야기를 듣다 보면 어떤 느낌이 들어요? 좀 답답하다는 생각이 들지 않습니까? 아마도 "그러니까 네 말의 결론이 도대체 뭔데?" 라고 말하며 친구의 말을 중간에 가로막을지도 모릅니다.

마찬가지로 면접관들도 질문의 핵심요지에 대해 지원자가 반응하지 않으면 답답함을 느낍니다. 이 경우, 면접관은 지원자의 '소통능력'이 부족하다고 생각할 수도 있습니다. 수험생은 질문의 핵심에 즉각 반응해야 합니다. 예상 질문에 대한 스토리를 미리 준비해놓는다면, 답변의 결론부터 재미있고 임팩트 있는 말을 던지면서 시작할 수 있다는 장점이 있습니다.

63

📖 왜 결론부터 말하기가 쉽지 않을까?

면접장에서는 낯선 환경과 심리적 긴장감 때문에 묻는 말에 핵심부터 말하지 못할 가능성이 큽니다. 우선 면접시험을 보는 장소는 평소에 공부하던 고등학교나 도서관이 아닌 낯선 대학교 건물입니다. 처음 본 대학건물과 시설들, 대학 내에서 자유롭게 공부하거나 돌아다니는 대학생들, 처음 만나게 되는 입학사정관과 교수님들, 면접장 주변은 온통 낯선 것으로 가득하지요. 또한 3~5:1이라는 해볼 만한 경쟁률에 '반드시 합격해야 한다!'라는 부담감도 있을 것입니다.

이런 낯선 환경과 심리적 이유로 당황하게 되면 수험생은 면접관의 질문에 핵심을 짚지 못하고 말을 장황하게 하거나, 아니면 정반대로 '성의 없어보이는' 단답형의 대답에 그칠 가능성이 있습니다. 국회 사무관이자 《결론부터 써라》의 저자 유시환은 그 책에서 우리나라와 동아시인들의 문화와 전통이 결론부터 말하고 쓰기를 가로막고 있다고 강조합니다.

> 우리를 포함해 동아시아인들은 결론을 마지막에 쓰는 오랜 문화적 전통과 사회적 환경 속에서 살아왔기 때문에 이유부터 쓰는 습관이 몸에 배어있다. 또한 누구나 독자의 기존 관념에 직접적으로 도전하는 것을 꺼리기 때문에 감히 결론부터 쓰지 못한다. 결론부터 쓰기 위해서는 문화적 · 사회적 · 심리적 장벽을 넘는 훈련을 꾸준히 해야 한다.
>
> 우리의 문화적 유전자에는 결론은 마지막에 써야 한다는 각인이 깊숙

이 박혀있다. 나는 아직까지 기자들이나 앵커들을 제외하고는 결론부터 쓰고 말하는 한국 사람을 본 적이 없다. 그런 사람이 있다면 아주 특이한 케이스거나 특별한 훈련을 받은 사람일 것이다.

위의 유시환 사무관의 견해에 따르면 우리나라 사람들은 뿌리 깊은 전통과 환경의 영향 때문에 심리적으로 '결론'부터 글을 쓰거나 말하기 어려워한다는 내용입니다. 만약 자신이 그 말에 해당된다고 생각한다면 의도적으로라도 결론부터 말하는 연습을 반복적으로 하길 바랍니다.

📖 질문의 요지에 곧바로 반응해야 한다

다음은 2017년도 서울의 모 사립대학 면접에서 실제 있었던 대화내용입니다.

면접관: 자기소개서를 보니 연극 동아리 활동을 열심히 한 것 같은데, 그중에서도 특히 기억에 남는 일이 있으면 이야기해볼래요?

A수험생: 네. 저는 학교 연극 동아리를 했는데, 3학년 5명, 2학년 10명, 1학년 7명으로 구성되어 있습니다. 1주일에 한번 같이 모이고

요. 서로 모여서 다음 축제나 정기공연에서 할 연극의 내용을 구상하거나 시나리오를 쓰기도 합니다. 저는 그 동아리에서 2학년 때 동아리 부장을 맡았습니다. 1학년 때 다른 학교 동아리와 연합해서 5.18민주화운동을 다룬 연극 연습을 한 일이 기억에 남습니다.(아~떨려서 횡설수설)

면접관: (무슨 말을 하는 건지 답답해하며) 그러니까 연극 동아리의 많은 활동 중에서 기억에 남는 일부터 구체적으로 먼저 말해줄래요?

위의 수험생은 "연극 동아리 활동 중에서 특히 기억에 남는 것이 무엇이냐"는 면접관의 질문에 당황한 나머지 두서없는 이야기를 생각나는 대로 던지고 있습니다. 이처럼 질문자가 던지는 질문의 요지에 대한 '핵심'적인 답변, 즉 결론부터 말하지 않으면 면접관들은 수험생이 무슨 말을 하고 있는지 알기 힘듭니다. 따라서 질문 내용을 잘 듣고 있다가 그 핵심을 잘 캐치한 다음, 단숨에 정곡을 찌르듯 말해야 합니다. 마치 훌륭한 한의사는 실수하지 않고 환자의 막힌 혈 자리를 침으로 단번에 찌르듯이 말입니다.

이처럼 결론부터 말하게 되면 답변의 방향을 흐트러뜨리지 않고 유지합니다. 왜냐하면 맨 처음 던진 결론이 '답변의 범위'를 잡아주어 이후엔 더 자세한 근거를 들어 풍부한 답변을 할 수 있기 때문입니다. 초원에서 이리저리 뛰어다니는 '이야기할 소재와 근거'라는 양들을 '결론'이라는 울

타리 안에 들여놓았다고 할까요?

차라리 위의 A수험생은 돌발질문에 당황스러워도 면접관의 질문 중에 '특별히 기억에 남는 일'이라는 핵심어휘를 반복하면서 "예, 제가 열심히 했던 연극 동아리 활동 중에서도 특히 기억에 남는 일은~"이라 고 말을 시작했다면 적어도 질문의 요지에 벗어나는 답변은 하지 않았 을 것입니다.

📖 스토리를 준비하면 결론부터 차별화된 말을 던질 수 있다

어떤 지원자가 자신의 고등학교 활동들에 대한 스토리들을 구체적으로 구성해놓았다면 결론부터 말하기가 훨씬 쉬워집니다. 위의 A수험생과 달리, 같은 동아리 활동을 했었던 수험생B는 연극 동아리 활동에 대한 스토리를 다음과 같이 준비해 두었습니다.

> **B수험생의 연극 동아리 활동에 대해 정리해 둔 스토리**
>
> 제가 열심히 했던 연극 동아리에서는 '네 꿈을 향해 쏴라'라는 자살방지 를 주제로 한 공연을 한 적이 있습니다. 문제는 연극의 시대적 배경이 60~70년대의 이야기를 다룬다는 데 있습니다. 대본 암기도 중요했지 만, 60~70년대 배경의 의상을 구하는 것이 무척 힘들었습니다. 선생님

께 여쭤보니 종로에 있는 광장시장에 한번 가보라고 하셨습니다. 그래서 주말마다 시간을 내어 종로구의 광장시장에 이곳저곳을 헤집고 다녔습니다. 지하철 안에서 '집에서 공부나 할걸. 굳이 이렇게까지 할 필요가 있을까?'하는 생각이 들기도 했지만 이왕 시작한 것 최선을 다하기로 마음먹었습니다. 연극은 예정대로 진행됐고 공연을 본 선생님들과 학생들이 무대배경과 등장인물들이 입은 복장에서 빈티지 느낌이 제대로 묻어난다고 칭찬해주었습니다. 그 이야기를 들으니 눈물이 날 정도로 기뻤습니다. '끝까지 노력한 것은 결코 나를 배신하지 않았구나'하는 개인적인 교훈을 얻었습니다.

B수험생에게 만약 면접관이 '자기소개서를 보니 동아리 활동을 열심히 한 것 같은데, 기억에 남는 일이 있으면 이야기해 보세요?'라든지, '연극 동아리의 활동에 대해 얘기해볼래요?' 혹은 '학교 연극 동아리에서 맡은 역할에 대해 이야기해보세요' 등의 '연극 동아리와 관련된 질문'이 나왔다면 B수험생은 속으로 아마 '앗싸' 하고 쾌재를 외쳤을지도 모릅니다.

면접관의 흥미를 자극할 만한 스토리가 이미 준비되어 있었기 때문에, 관련 질문에 이 학생은 준비해놓은 스토리 중에서 '결론'을 삼을 만한 구체적인 내용을 찾아서 답변의 첫 문장으로 사용하면 충분했던 것입니다.

B수험생은 면접관의 질문에 다음과 같이 답했습니다.

> **면접관:** 자기소개서를 보니 연극 동아리 활동을 열심히 했던데, 그중 기억에 남는 일이 있으면 이야기해볼래요?
>
> **B수험생:** 연극 동아리 활동 중에서 기억에 남는 일은 자살방지를 주제로 한 연극공연을 준비하기 위해 주말마다 의상을 구하려고 종로 광장시장을 이 잡듯 뒤진 일입니다.(결론부터 먼저 던지기, 그다음 근거나 내용은 스토리의 나머지 부분을 응용해서 말함)

어떻습니까? 위 답변은 시작부터 A수험생과는 다릅니다. 왜냐하면 결론부터 구체적으로 말하면서 시작하기 때문입니다. 이 답변을 한 주인공은 예상 질문에 대한 '스토리를 미리 준비해놓고 결론부터 구체적으로 말하기 방법'을 활용해서 2017년도에 동국대와 경희대, 경북대 역사 관련 학과에 모두 합격했습니다.

📖 질문의 핵심에 반응하라

　수험생은 질문의 요지, 즉 질문의 핵심에 반응하지 못하면 소통능력을 의심받습니다. 면접관들은 수험생들이 긴장하고 있다는 점을 인식하고 있지만 계속 질문과 동떨어진 답변을 연속으로 할 경우에는 원활한 의사소통에 문제가 있다는 생각을 할 수 있습니다. 최악의 답변 중 하나가 바로 '동문서답'의 답변유형입니다. '가다가 삼천포로 빠져버린다'는 말과 같은 상황이라고 할까요. 중국 요리가게에서 짜장면을 주문했는데 종업원이 "아까 짬뽕으로 주문하지 않으셨나요?"라고 대꾸하며 짬뽕을 가져다주면 답답하겠지요?

　대입 면접도 이와 같습니다. 두괄식 글에서 핵심은 대부분 글의 처음에 있는 것처럼 질문에 대해 주절주절 말을 많이 하는 게 중요한 것이 아니라, 직접적이면서도 구체적인 대답을 하는 것이 중요합니다. 그러므로 면접을 준비하는 수험생은 '나는 반드시 질문자가 묻는 것에 결론부터 '콕' 짚어 대답하면서 답변을 시작할 거야!'라는 각오를 해야 합니다.

답변에 스토리나 사례를 곁들이려고
마음먹어라

'스토리(story)'의 사전적인 의미는 '일정한 줄거리를 담고 있는 이야기'라는 뜻입니다. '사례'란 어떤 일이 전에 실제로 일어난 예시, 즉 선례(先例)를 말하는 것이지요. 두 개념은 엄밀히 따지면 그 뜻이 서로 다르지만, 대입 면접에서는 지원자가 고등학교 때 겪었던 경험과 활동 사례에 대해 자주 물어보므로 이 책에서는 스토리와 사례를 비슷한 개념으로 쓰려고 합니다.

이 책에서 이야기하는 '스토리(사례)를 미리 준비하라'는 말은 답변에서 말할 이야기를 노트에다 적어놓고 토씨 하나 빠짐없이 외우라는 것이 아닙니다. 그저 스토리 전체가 머릿속에 떠오를 정도로 키워드로 정리해놓으라는 뜻입니다. 그런 다음, 준비된 스토리를 '논증', 즉 결론-근거(이유)의 바탕에서 압축적으로 전달할 수 있어야 합니다.

📖 합격하고픈 진심을 '스토리'로 전달하자

진심을 전달하는 방법은 사실 간단합니다. '솔직하게' 말하면 됩니다. 그렇다면 솔직하게 말한다는 것은 과연 무엇일까요? 그것은 자신만의 구체적인 스토리를 상대방에게 전달하는 것입니다. 그러므로 대입 면접을 위해서는 고등학교 3년 동안의 경험들 중에 '의미 있고, 가치 있는 자신만의 스토리'를 미리 선별해두어야 합니다.

스토리로 이야기하면 어떤 효과가 있을까요? 일본의 유명 글쓰기 학원의 원장이자 《전해지는 문장의 87가지 법칙》의 저자인 야마구치 타쿠로는 저서 《꽂히는 말, 팔리는 말》에서 커피 홍보의 예를 들어 '스토리'로 이야기할 때의 효과를 다음과 같이 설명하고 있습니다.

스토리 없음   달고 쌉싸름한 환상의 커피입니다.

스토리 있음   국내 최고의 커피 헌터가 에티오피아 아비시니아 고원에
                서 7년에 걸쳐 찾아낸 '달고 쌉싸름한' 천상의 커피입니다.

위의 예는 상품에 대한 고집, 개발 프로세스라는 재료에서 발전시킨 스토리이다. '국내 최고의 커피 헌터가 에티오피아 아비시니아 고원에서 7년에 걸쳐 찾아냈다'는 장대한 스토리는 '어떤 커피길래?'라는 궁금증을 가지게 만든다. 여기에 맛과 향에 대한 확신까지 심어주면 '한번 마셔보고 싶다'는 마음을 자극할 수 있다.

야마구치 타쿠로가 설명한 '커피 홍보사례'의 비교에서 알 수 있듯이 대입 면접에서도 '자신'을 평면적으로 설명하는 것보다는 스토리로 포장하는 것이 필요합니다. 사례와 스토리로 말하는 순간, 면접관은 '이 학생, 흥미로운 면이 있는데'라는 생각으로 지원자의 답변에 집중하게 됩니다. 왜냐하면 이야기에는 듣는 사람의 감정을 움직이는 힘이 동반되어 있기 때문입니다.

성적을 올리고 싶은 학생에게 '꾸준히 매일 공부하는 것의 중요함'을 전하고 싶다면 "매일매일 공부를 꾸준히 해야 성적이 향상된다"고 귀가 따갑도록 강조하는 것보다 '우공이산'의 고사를 들려주면서 후손들을 동원해서라도 동네를 가로막는 산을 없애려는 우공의 각오와 의지를 들려주는 편이 훨씬 효과적일 것입니다.

📖 논증의 구조에서 스토리를 말하라

자신의 스토리를 전달하라고 해서 정리되지도 않은 내용을 '주절주절' 이야기하는 건 좋지 않습니다. 말이란 내용 못지않게 제한된 시간 내에 전달하는 것도 중요하기 때문입니다. 따라서 합격하고자 하는 열정을 표현하는 과정에서도, 뼈대가 있어야 효율적으로 말의 전달이 가능합니다. 즉, 어떤 말을 하기 위해서는 '틀'을 갖출 필요가 있는 것입니다.

그 '틀'은 과연 무엇일까요? 그건 바로 '논증'입니다. '논증'이라는 설득을 위한 뼈대를 알고 있어야 합니다. 논증이란 무엇일까요? 논증은 주장과 근거입니다. 혹은 주장과 이유, 결론과 전제라고 부르기도 하지요.

고대 그리스 철학자 아리스토텔레스는 상대방을 설득하기 위해서는 로고스(logos), 파토스(pathos), 에토스(ethos)라는 3가지 요소가 필요하다고 말했습니다. 이때 로고스는 말하는 이의 논리성을 말하고, 에토스는 연사의 인격과 성품, 즉 화자에 대한 신뢰성을 말하며, 파토스는 설득하는 상대방이나 청중의 감정을 건드리는 요소, 즉 감정적인 호소를 일컫습니다. 그중에서도 우리가 익혀야 하는 '논증'의 뼈대는 설득의 3요소 중에 특히 '로고스'와 밀접한 관련이 있습니다.

그렇다면, 아리스토텔레스가 말한 '설득의 3요소'를 대입 면접에 어떻게 적용해볼 수 있을까요? 먼저 화자에 대한 신뢰의 영역인 '에토스'는 수험생과의 질의응답과정에서 면접관이 평가하는 것이므로 수험생이 적극적으로 보여주기는 힘들 것입니다. '파토스'는 지원자의 잘 구성된 스토리가 입학사정관에게 전달될 때, 그들의 감정을 흔들 수 있을 것입니다. 수험생들은 '로고스'를 잊어서는 안 됩니다. '논증'의 구조로 대변되는 '논리적 뼈대'를 바탕으로 말을 해야 하는 것입니다. 이 '논증'이라는 뼈대가 갖춰진 상태에서 이야기가 전달되어야만 파토스와 에토스의 측면도 동시에 돋보일 것입니다.

이해를 돕기 위해 0교시 6장 〈붕어빵 같은 답변으로는 합격하기가 힘들다〉에서 언급했었던 방송인 전현무의 면접일화를 다시 보겠습니다.

1. 질문

"전현무 씨는 좋아하는 프로그램이 무엇인가요?

2. 전현무의 답변

"개그콘서트요. 열심히 공부하고 밤 10시에 도서관에서 집에 가려고 나오는데 포장마차에서 어묵 파시는 분이 자그마한 흑백 TV를 보며 웃고 있더라구요. 너무나 해맑게. 도대체 뭘 보냐 했더니만 개콘이예요. 순간 나도 뭐가 됐든 저 작은 상자에 들어가서 누군지도 모르는 저런 분들을 정말 행복하게 해주고 싶었어요."

3. 위의 답변을 논증의 구조로 분석해보자

결론   개그콘서트요.

근거   열심히 공부하고 밤 10시에 도서관에서 집에 가려고 나오는데 포장마차에서 어묵 파시는 분이 자그마한 흑백 TV를 보며 웃고 있더라구요. 너무나 해맑게. 도대체 뭘 보냐 했더니만 개콘이예요.

정리, 마무리 순간 나도 뭐가 됐든 저 작은 상자에 들어가서 누군지도 모르는 저런 분들을 정말 행복하게 해주고 싶었어요.

이 재치 넘치는 답변도 두서없이 말한 것이 아니라 논증의 구조, 즉 결론과 근거(이유)의 두괄식 구조를 갖추고 있습니다. 그리고 도서관에서 밤늦게 공부하고 나오다 우연히 마주친 포장마차의 '스토리'를 근거로 삼고 있으며, 나아가 그 사례에 대해 나름의 '의미'를 부여합니다. 짧은 말이지만 면접관들에게 임팩트를 주기에 충분합니다.

📖 전달되지 않는 비극에서 빠져나오자

대입 면접은 수험생과 입학사정관 사이의 '의사소통'을 바탕으로, 지원자 자신의 강점이나 역량을 드러내는 것입니다. 그 과정에서 효율적인 의사소통을 위해 필요한 것이 바로 '논증으로 말하기'와 준비된 '스토리' 즉 사례입니다. 이때 논증이라는 틀을 기억하는 것만으로도 예상치 못한 질문에 '단답형의 답변'으로 면접장의 분위기를 썰렁하게 만드는 침묵 상황을 피할 수 있습니다. 수험생은 질문의 핵심의도라는 과녁을 노린 다음, 결론이라는 이름의 화살에다 사례와 스토리라는 불을 붙여 쏘아야 면접관이 호기심을 가질 만한 답변이 됩니다. 답변의 첫머리부터 던진 결론과 그 결론을 뒷받침해주는 사례와 스토리는 지원자에 대한 신뢰를 주고 답변을 맛깔나게 하는 '천연조미료'와 같은 역할을 할 것입니다.

수험생은 이미 면접관에게 전달된 말의 내용을 수정하기란 어렵습니다. 이것은 말의 속성에서 기인하는 것이죠. 말은 글과 다르게 음성에 의해 순간적으로 전달되기 때문에 주워 담거나 첨삭할 수가 없는 것입니다. 만약 답변 후 '이게 아니다' 싶어서 발언을 번복할 경우 자신감이 부족해보이고 신뢰성이 떨어지기 때문에 감점의 우려가 있습니다. 말은 했을지 몰라도 결국 제대로 전달되지 않은 것이지요. 따라서 수험생은 최우선적으로 질문의 요지에 집중하고, 준비된 답변내용에서 질문에 맞는 내용을 골라 신중하게 답변해야 합니다.

〈 3장 〉
스토리나 사례는
어떻게 구성하는 것일까?

앞에서 우리는 면접관의 질문의 요지에 결론을 먼저 제시하고, 그 결론에 대해 직접적인 이유나 구체적인 스토리나 사례를 근거 삼아 이야기해야 한다는 것을 배웠습니다. 그렇다면 그 근거들 중에서 '나'에 대한 스토리나 사례로 뒷받침하고자 할 때, 어떻게 작성하면 좋을까요?

몇 가지 방법이 있습니다. 첫째, 핵심사건을 구체적으로 서술합니다. 둘째, 자기가 겪었던 언더독(under-dog) 이야기를 적극 활용하는 것입니다. JTBC방송국 손석희 사장이 기자 시절에 쓴 〈지각인생〉이란 글을 보며 스토리를 만드는 포인트를 살펴보겠습니다.

JTBC방송국 손석희 사장의 '지각인생'

남들은 어떻게 생각할지 몰라도 나는 내가 지각인생을 살고 있다고 생각한다. 대학도 남보다 늦었고 사회진출도, 결혼도 남들보다 짧게는 1년, 길게는 3~4년 정도 늦은 편이었다. 능력이 부족했거나 다른 여건이 여의치 못했기 때문이었을 것이다.

모든 것이 이렇게 늦다 보니 내게는 조바심보다 차라리 여유가 생긴 편인데, 그래서인지 시기에 맞지 않거나 형편에 맞지 않는 일을 가끔 벌이기도 한다. 내가 벌인 일 중 가장 뒤늦고도 내 사정에 어울리지 않았던 일은 나이 마흔을 훨씬 넘겨 남의 나라에서 학교를 다니겠다고 결정한 일일 것이다.

1997년 봄, 서울을 떠나 미국으로 가면서 나는 정식으로 학교를 다니겠다는 생각은 하지 않았다. 남들처럼 어느 재단으로부터 연수비를 받고 가는 것도 아니었고, 직장생활 십수 년을 하면서 마련해 두었던 알량한 집 한 채 전세주고 그 돈으로 떠나는 막무가내식 자비 연수였다.

그 와중에 공부는 무슨 공부. 학교에 적은 걸어놓되 그저 몸 성히 잘 빈둥거리다 오는 것이 내 목표였던 것이다. 그러던 것이 졸지에 현지에서 토플공부를 하고 나이 마흔 셋에 학교로 다시 돌아가게 된 까닭은 뒤늦게 한 국제 민간재단으로부터 장학금을 얻어낸 탓이 컸지만, 기왕에 늦은 인생, 지금에라도 한번 저질러보자는 심보도 작용한 셈이었다.

미네소타 대학의 퀴퀴하고 어두컴컴한 연구실 구석에 처박혀 낮에는 식은 도시락 까먹고, 저녁에는 근처에서 사온 햄버거를 꾸역거리며 먹을 때마다 나는 서울에 있는 내 연배들을 생각하면서 다 늦게 무엇 하는 짓인가 하는 후회도 했다.

20대의 팔팔한 미국 아이들과 경쟁하기에는 나는 너무 연로(?)해 있었고 그 덕에 주말도 없이 매일 새벽 한 두시까지 그 연구실에서 버틴 끝에 졸업이란 것을 했다. 돌이켜보면 그때 나는 무모했다. 하지만 그때 내린 결정이 내게 남겨준 것은 있다. 그 잘난 석사학위? 그것은 종이 한 장으로 남았을 뿐, 그보다 더 큰 것은 따로 있다.

첫 학기 첫 시험 때 시간이 모자라 답안을 완성하지 못한 뒤 연구실 구석으로 돌아와 억울함에 겨워 찔끔 흘렸던 눈물이 그것이다. 중학생이나 흘릴 법한 눈물을 나이 마흔 셋에 흘렸던 것은 내가 비록 뒤늦게 선택한 길이었지만 그만큼 절실하게 매달려 있었다는 반증이었기에 내게는 소중하게 남아있는 기억이다. 혹 앞으로도! 여전히 지각인생을 살더라도 그런 절실함이 있는 한 후회할 필요는 없을 것이다.

– 지각인생(2002년 월간중앙 4월호 '내 인생의 결단의 순간' 중에서)

📖 생생하게 구성하라

'생생하게' 스토리나 사례를 구성한다는 것은 무슨 의미일까요? 그것은 바로 '면접관의 머릿속에 수험생의 이야기가 그림으로 그려질 정도'로 구체적인 이야기를 마련하는 것이라고 이해하면 됩니다. 막연하거나 일반적인 답변이 아니라 구체적으로, 결과보다 과정을 중심으로 말하는 것이지죠. "이 사과는 유기농 사과입니다"라는 말과 "이 사과는 경북 청도의 따뜻한 햇살과 비료라는 해로운 조미료를 거부하고 각종 해충의 공격에 버틴 아이언맨과 같은 유기농 사과입니다"라는 말은 완전히 다릅니다. 왜냐하면 후자의 설명은 전자에 비해 훨씬 구체적이기 때문입니다. 구체적인 말과 글은 듣는 이로 하여금 '대상의 움직임'이 머리에 그려지게 할 수 있습니다.

윗글에서도 '미네소타 대학의 퀴퀴하고 어두컴컴한 연구실 구석에 처박혀 낮에는 식은 도시락 까먹고, 저녁에는 근처에서 사온 햄버거를 꾸역거리며 먹을 때마다 나는 서울에 있는 내 연배들을 생각하면서 다 늦게 무엇 하는 짓인가 하는 후회도 했다'와 같은 표현은 뒤늦게 유학을 간 주인공의 어려움이 고스란히 전달되는 것과 같은 구체적인 표현입니다. 이처럼 면접을 준비하는 수험생도 한번쯤은 겪었을 법한 일들 중에서 특별히 기억에 남거나 의미를 부여했던 핵심사건에 대해 '구체적으로' 정리해 두어야 그 내용을 생동감 넘치는 답변으로 활용할 수 있을 것입니다.

📖 언더독(under-dog) 스토리나 사례를 모아라

스포츠에서 이길 확률이 적은 팀이나 선수를 '언더독(under-dog)'이라고 부릅니다. '언더독 효과'는 개싸움에서 밑에 깔린 개(under-dog)가 이겨주기를 바라는 것처럼 경쟁에서 뒤지는 사람에게 동정표가 몰리는 현상을 말하는 것이지요. 이 개념의 반대말은 '탑독(top-dog)'입니다. 여기서 탑독은 이미 경쟁에서 승리를 쟁취한 사람을 빗대어 말한 것입니다. 아이러니하게도 대중들은 승자에게 박수는 보내지만 오히려 더 관심을 기울이는 대상은 역경을 극복한 과거의 약자들이라는 것입니다. 이것이 바로 '언더독 효과' 이론의 핵심입니다. 대중들은 탑독보다는 언더독의 상황에 관심과 동정을 기울인다는 결과에 주목해야 합니다.

그러므로 수험생은 면접에서 사용할 만한 '언더독' 스토리가 있다면 적극적으로 그 소재들을 모아두어야 합니다. 그렇다면, 고등학생들이 겪었을 법한 '언더독' 스토리의 종류는 어떤 것이 있을까요? 학교생활 중에서 경험했을 법한 동아리, 교내외 활동, 친구와의 갈등, 성적에 대한 고민과 그 문제를 해결하기 위해 경험한 것들을 떠올려보고, T.O(thingking, opinion: 의미, 가치, 느낌, 깨달음, 교훈, 배운 점 등, 참고자료에서 설명)를 곁들이면 감동적인 '언더독' 스토리가 될 것입니다.

위의 글에서는 주인공이 미네소타 대학의 연구실 구석에서 고군분투한 경험이라든지, 첫 시험을 치고 나와 억울해서 울었다는 이야기는 읽는 사람들로 하여금 애틋한 감정을 자아내기 충분한 '언더독' 스토리 사례입니다. 이렇게 수험생은 자신이 고등학교 기간 중에 겪었던 크고 작은 어려움과 그 역경을 극복한 사례를 준비해두었다가, 면접관에게 생생하게 들려주세요. 그 준비된 '역경 극복 스토리'가 큰 위력을 발휘할 것입니다.

페이스북의 창업자 마크 저커버그는 하버드대학의 졸업식에서 다음과 같은 말을 합니다.

"우리 세대는 무엇인가를 시작하든, 아니면 어떤 역할을 하든지 간에 첫 작품은 아닙니다. 저는 게임도 만들었고 채팅, 공부를 위한 도구, 음악 감상을 위한 플레이어도 만들었습니다. 저만 그런 것이 아닙니다. J. K 롤링은 《해리 포터》를 출간하기 전에 12번이나 거절을 당했다고 합니다. 비욘세도 〈헤일로〉라는 곡을 만들기까지 수백 곡을 썼다고 하죠. 위대한 성공은 실패의 자유에서 기인합니다."

마크 저커버그가 실패가 위대한 성공의 원인이라고 말한 것처럼, 면접에서도 지원자가 고등학교 수업과 생활 가운데서 겪었던 실패와 어려움을 극복했던 경험은 기억 속의 상처가 아니라 오히려 소중한 답변재료일 수 있습니다. 실패를 극복한 경험들은 면접관에게 '지원자의 역량'으로 비춰지기 때문입니다.

📖 핵심사건, 언더독의 경험을 활용한 스토리나 사례를 준비하자

'준비된 답변'의 골자는 다름 아닌 고등학교 기간 동안 겪었던 지원자의 크고 작은 경험과 스토리들입니다. 이 스토리들이 대학 합격을 위한 열정, 의지, 각오를 구체적으로 보여줄 수 있는 근거이기 때문입니다. 그래서 '구슬이 서 말이어도 꿰어야 보배'라는 말이 있듯, 흩어져 있는 경험과 기억들을 정리해둬야 합니다. 그 구슬들을 엮는 1차 작업이 바로 스토리 작성입니다.

스토리 구성하는 것을 어렵게 생각하지 말고 고등학교 생활 중에서 인상 깊었던 핵심사건을 선별해서 구체적으로 기록하되, '언너독'의 경험이 있다면 그 내용 또한 충분히 살려놓으라는 얘기입니다. 누구에게나 있었던 갈등이나 고난과 역경 사례를 털어놓고, 그 경험들을 극복하기 위한 구체적인 해결방법, 열정, 결과, 얻은 교훈 등을 솔직하게 이야기하는 것이 면접관들에게 깊은 공감과 신뢰를 줄 것입니다.

사례(스토리)를 말한 다음에는 T.O를 간단히 언급하자

답변에서 사례나 스토리를 언급한 다음에는 그것에 대한 '의미와 가치, 깨달음과 느낌, 교훈과 가치' 등을 간략하게 넣는 것도 좋습니다. 이 책에서는 앞으로 수험생이 경험이나 핵심사건을 겪고 나서 의미나 가치를 부여하거나, 깨달음, 느꼈던 점, 교훈을 얻었다면 이를 통틀어 T.O(Thinking, Opinion의 약자)라고 부르겠습니다. 이 T.O를 언급하는 순간, 수험생의 답변은 '오직 나'만의(only I)답변이 되는 것입니다.

사람은 똑같은 사물을 보면서도 배경지식이나 관점, 사고방식에 따라 그 대상을 다르게 파악합니다. 또 여러 사람이 같은 경험을 겪더라도 그 경험에 부여하는 의미 또한 각각 다를 수 있습니다. <u>따라서 같은 경험이라도 자신만이 느꼈던 가치와 의미를 부여해야 남과 차별화가 되는 경험이 되는 거죠.</u> 예를 들어 우리는 눈(雪)을 함박눈, 진눈깨비 등의 몇 가지 이름만으로 나누어 부르지요. 그런데 에스키모인들은 똑같은 눈을 보면서도 수십에서 수백 가지의 다른 이름으로 구분한다고 합니다. 대표적으로 몇 가지만 살펴보면, 하늘에서 내리는 눈은 가나(gana)라 부르고, 땅에 쌓인 눈은 아풋(aput), 바람에 휘날리는 눈은 픽서폭(pigsirpog), 바람에 날려 쌓인 눈은 지먹석(gimugsug) 등으로 부른다고 합니다. 다시 말하면, 여러 명이 똑같이 보고 있는 상황이나 대상도 바라보는 관점이나 기준에 따라 다르게 해석될 수 있다는 거예요.

예를 하나 더 들겠습니다. 아침에 조깅을 하려는데 갑자기 비가 내립니다. A라는 사람은 밖을 쳐다보며 "조깅하려는데 비까지 오네. 뛰면서 비까지 맞으면 얼마나 그 느낌이 상쾌할까?"라고 말하며 거침없이 뛰어나갑니다. 그런데 B라는 사람은 이렇게 생각합니다. "오래간만에 조깅하려는데 비까지 오다니 참으로 나는 운이 없구나. 운동화가 젖으면 나중에 냄새까지 날 텐데… 오늘은 그냥 쉬지 뭐"라고 말하고선 집으로 들어갑니다. 결론적으로 이 두 사람은 비가 내리는 동일한 환경을 두고 정반대의 생각을 합니다. A, B 두 사람은 동일한 환경을 놓고 한사람은 긍정적인 평가, 다른 사람은 부정적인 평가라는 나름의 '의미'를 부여하고 있는 것입니다.

대한민국의 고등학생들이 겪을 만한 교내외 활동이나 경험들은 범위가 대략 정해져 있습니다. 학교 수업, 봉사, 동아리, 독서활동, 견학, 창의체험 활동 등의 영역 이상을 벗어나지 못하지요. 그러므로 면접관이 그 비슷한 경험들에 대해 물어볼 때는, <u>질문의 핵심에 결론으로 반응하고 사례를 든 다음, 그 사례에 자신만의 솔직한 '생각, 의미, 가치, 깨달음, 느낌, 교훈(T.O)'등을 간단히 언급해봅시다.</u> 그때, 그 답변은 구체적이고 생생한 동시에 '나'만이 할 수 있는 차별화된 답변이 되는 것이죠.

〈 4장 〉
답변하는 룰(rule)을 정하고
면접에 임하자

오늘 강의는 이제껏 1교시 전체에서 이야기한 핵심내용들을 실전에서 바로 써먹을 수 있도록 정리하는 것이 목표입니다. 기본적으로 3가지를 기억해야 합니다. 그것은 첫째, 면접관으로부터 질문을 받으면 그 요지를 간파하고 그에 맞는 결론부터 던진다. 둘째, 그 결론에 대한 직접적인 근거(근거1)를 말한다. 셋째, 스토리나 사례로 구성된 또 다른 근거(근거2)를 들고 그 사례에 대한 T.O를 간단하게 언급한다. 마지막으로 결론에서 말했던 것을 한 번 더 정리하면서 마무리한다는 것입니다.

이와 같이 답변하는 '틀', 즉 룰(rule)과 방법을 대략적으로 설정해놓는 것입니다. 수험생들은 위의 패턴을 기억해서 개인에 대한 '어떠한 질문이 나와도 대답할 수 있도록' 반복 연습해야 합니다. 답변의 길이는 1분, 글로는 길어도 8문장 이내가 적당하다고 생각합니다. 그래도 답변하는 방법이 막막하다면, 아예 각 답변의 틀에서 이끌 수 있는 몇 가지 단어나 접속사를 쓰면서 답변을 시작하겠다고 마음먹으면 됩니다.

📖 답변의 틀을 가지고 말하되 1분, 7~8문장을 넘기지 마라

답변의 분량이 무작정 길어서도 안 됩니다. 1분이 넘어가면 면접관들은 지루함을 느낄 것입니다. 1분 이내, 약 40~50초, 글로 따지면 길어도 7문장 이내의 분량으로 말하는 것이 적당합니다. 7문장 정도로 말하면 답변의 분량도 1분 내의 시간 안에 들어옵니다. '무조건 이렇게 말하라'고 정해놓은 건 아닙니다. 그러나 결론(1문장)-결론에 대한 직접적 근거나 이유(1문장)-사례나 스토리 근거 및 T.O (2~4문장)-정리(1문장)의 구성으로 말하면 시간적으로나 분량상으로 적당할 것입니다.

질문에 대해 결론부터 말한 다음, 그 결론에 대한 직접적인 근거나 이유가 없다면 사례나 스토리 근거를 결론에 이어서 바로 사용해도 괜찮습니다. 아래의 사례를 통해 설명해보겠습니다.

면접관: 우리 대학이 지원자를 뽑아야 할 이유는 무엇인가요?

A수험생: ① 아 네, 저는 스스로 생각해볼 때, 성실하고 착하다고 생각합니다. ② 그러므로 대학에 입학하면 연구와 실험도 무척 열심히 공부할 것입니다. ③ 기계를 조립하거나 만드는 것을 정말 좋아합니다. ④ 장차 ○○대학 기계공학과에 입학하면 실험과 과제에 집중하는 그런 인재가 되리라고 확신합니다. ⑤ 합격만 시켜주신다면 뭐든 열심히 잘할 수 있을 것 같습니다.

B수험생: ① 저는 ○○대학 공과대학 기계공학과에 입학하기 위해 누구보다도 준비된 학생이라고 생각하기 때문입니다. ② 그만큼 저는 로봇에 대한 지적호기심과 도전정신으로 가득합니다. ③ 고등학교 때 동아리 활동에서 '짐 운반용 로봇–매직팡쿠'를 만들어 전국로봇대회에 도전한 적이 있었는데, 직접 짠 회로 프로그램으로 로봇을 실행해보니 잘 움직이지 않았습니다. ④ 원인을 파악해보니 구동모터의 문제가 있었고, 이후 문제점을 수정하기 위해 일주일 동안 3~4시간만 자면서 여기에 매달렸습니다. ⑤ 자발적으로 하고 싶은 것을 계속 하니 피곤한 줄도 몰랐고 온전히 몰입하는 저를 발견할 수 있었습니다. ⑥ 이처럼 기계와 로봇에 관해서는 누구에게 지지 않을 열정을 가지고 있다는 점이 ○○대학 기계공학과가 저를 뽑아야 할 이유가 아닐까 생각합니다.

위의 A수험생의 답변은 5문장으로 간결하게는 느껴지지만 생동감 있는 사례나 스토리가 담겨있지 않습니다. 그러므로 구체적이지 못하고 강점이나 역량을 제대로 어필하지 못한 막연한 답변이 되고 말았습니다. 답변이 막연하다는 것은 다른 지원자들도 비슷하게 말할 만한 수준의 답변이라는 뜻입니다. 질문의 요점에서도 빗나가 있습니다. '지원자가 뽑혀야 할 이유가 뭐냐고 묻고 있는데 실험과 과제에 집중하면서 '합격만 시켜주시면 뭐든 열심히 하겠다'는 말로 마무리 짓고 있습니다. 대학생이 되면 누구나 전공과목과 교양과목의 실험, 공부, 과제 등을 열심히 합니다. 또 수험생이라면 누구나 최종합격만 시켜준다면 목숨 걸고 해당 대학에 충성할 것 같은 절박한 심정일 겁니다. 그러므로 이 대답 역시 막연하게 느껴집니다. 지원자는 '합격만 시켜주면 최선을 다하겠다. 뭐든 할 것이다'는 답변은 최대한 지양해야 합니다. 구체성이 떨어지니까요. 이런 유형의 발언을 한다고 해서 지원자의 의지와 열정이 고스란히 드러나는 것이 아닙니다. 열정과 의지는 구체적인 사례나 스토리, 단어로 보여주거나 (showing) 또 경험사례에다 T.O를 곁들여 디테일하게 말할 때, 전달되는 것입니다.

그러나 B수험생은 A와 다르게 구체적인 사례와 스토리를 듭니다. 6문장 정도로 답변하니까 답변의 시간도 1분을 넘지 않아 적당합니다. 이 답변의 포인트는 '짐 운반용 로봇—매직팡쿠', '구동모터의 문제', '직접 짠 회로 프로그램을 실행해보니 움직이지 않아 이후 일주일 동안 3~4시간을 잤다'와 같은 구체적인 단어와 문장들입니다. 이런 구체적인 말과 단어들이 답변에 섞여 나올 때, 면접관들은 지원자의 합격에 대한 구체적인 열망과 의지를 엿볼 수 있습니다.

말이든 글이든, 평범하고 막연할 때 그 표현은 전달되는 힘이 사라집니다. ③~⑤에는 질문에 대해 사례와 그 경험을 통해 자신이 느꼈던 점(T.O)를 얘기하고 있습니다. 그리고 답변의 ⑥부분은 정리 부분입니다.

답변의 결론에 처음 언급했던 '뽑아야 하는 이유'라는 단어를 써서 본인의 열정과 의지를 다시 강조하면서 마무리하고 있습니다.

📖 그래도 어떻게 답변을 시작할지 모르겠는가?

그래도 답변요령이 어렵게 느껴진다면 답변의 구성에서 각 문장을 이끌어가는 단어 몇 가지를 쓰면서 시작하겠다고 마음먹으면 쉽습니다. 예컨대 ① 결론은 면접관이 물은 질문의 핵심단어를 똑같이 언급하면서 시작합니다. ② 근거1은 왜냐하면, 그 이유는~이라는 접속사를 의도적으로 붙여서 말해봅니다. ③ 근거2의 역할을 하는 스토리나 사례는 그 일화로는~, 사례를 들어보면~, 그에 관한 에피소드를 들어보면~이라는 단어를 일부로 씁니다. 그리고 나서 그 사건이나 경험을 통해 깨닫거나 느꼈던 점, 즉 T.O도 간단히 말해봅니다. ④ 정리 부분은 다시 결론에서 말했던 핵심어를 다시 언급하면서 결론에서 했던 말에 약간 변화를 줍니다. 시작할 때는 즉~, 그러므로~, 다시 말하면~, 생각해볼 때~, 이처럼~ 등의 말을 사용하면 시작하기가 쉽습니다. 위와 같은 방법으로 답변을 반복 연습하다 보면, 나중에는 굳이 위에 언급한 시작단어들의 도움을 받지 않아도 얼마든지 능숙하게 답할 수 있을 것입니다.

면접관: 우리 대학이 지원자를 뽑아야 할 이유는 무엇인가요?

B수험생: ① 제가 ○○대학 공과대학 기계공학과에 뽑혀야 하는 이유는 누구보다도 준비된 학생이라고 생각하기 때문입니다.

→ 질문의 핵심어를 똑같이 언급

② 왜냐하면(그 이유는, 그 근거로는), 저는 로봇에 대한 지적호기심과 도전정신으로 가득하기 때문입니다.

→ 결론에 대한 직접적인 이유

③ 그에 관한 사례를 말해보면(일화를, 에피소드를 말해보면)고등학교 때 동아리 활동에서 '짐 운반용 로봇-매직팡쿠'를 만들어 전국로봇대회에 도전한 적이 있었는데, 직접 짠 회로 프로그램으로 로봇을 실행해보니 잘 움직이지 않았습니다. ④ 원인을 파악해보니 구동모터의 문제가 있었고, 이후 문제점을 수정하기 위해 일주일 동안 3~4시간만 자면서 여기에 매달렸습니다. ⑤ 자발적으로 하고 싶은 것을 계속 하니 피곤한 줄도 몰랐고 온전히 몰입하는 저를 발견할 수 있었습니다.

→ ③~⑤는 사례 및 T.O의 언급

⑥ 이처럼,(정리하면, 그러므로, 즉, 다시 말하면) 기계와 로봇에 관해서는 누구에게도 지지 않을 관심과 열정을 가지고 있다는 점이 ○○대학 기계공학과가 저를 뽑아야 할 이유라 생각합니다.

→ 질문의 핵심어를 재차 언급하면서 마무리

⋮

📖 답변의 틀을 가지고 있으면 든든하다

면접의 답변은 '두괄식 답변'이 적합한데, 수험생 중엔 서론만 장황하게 늘어놓고 정작 결론은 말하지 못한 채 답변을 끝내는 경우가 많습니다. 또, 사례의 분량을 너무 자세히 이야기하려 하다가 답변이 장황해지는 모습도 제법 보았습니다. 그러므로 말을 하는 틀, 즉 룰(rule)을 어느 정도 가지고 면접에 들어가는 게 도움이 됩니다. 어떻게 말해야 할지 모르겠으면 '왜냐하면', '그러므로', '그에 관한 사례를 들면'이라는 형식적인 말로 시작하고, 1분 이내로 답변하겠다는 목표를 가지고 반복적으로 답변연습을 해야 합니다.

말이란 원래 자기만의 스타일로 자유롭게 표현하는 것입니다. 그렇지만 면접의 수험생이라면 질문의 핵심을 벗어나거나, 모호함과 추상성, 일반적이고 막연한 답변을 하는 '자신'을 경계해야 합니다. '결론—근거—사례 및 T.O—정리'의 틀을 가지고 연습한다면 질문의 의도와 아예 동떨어진 답변을 하거나, 예상치 못한 질문에 꿀 먹은 벙어리가 되는 상황은 피할 수 있을 것입니다.

〈5장〉
해마다 자주 출제되는
질문에 대한 답변을 준비하라

저는 면접특강이 있을 때마다 수험생들에게 자기소개서를 바탕으로, 답변할 내용이나 자신의 경험 스토리의 키워드가 모두 떠오를 정도로 숙지하라고 귀에 따갑도록 강조합니다. 10~15개 정도의 예상 질문에 대한 스토리를 정하고, 예상답변을 생동감 있게 노트에 키워드로 정리해놓으라고 말입니다.

그런데 최종 당락을 결정하는 면접을 앞두고도 이 간단한 준비를 하지 않는 학생들이 꽤 있습니다. '어떻게든 되지 않겠어?' 하는 마음이겠지요. 그런 태도를 가지고 있으니 면접이 공포처럼 느껴지는 것입니다. 그 두려움을 극복하는 간단한 방법이 있습니다. 해마다 대학에서 자주 물어보는 질문들이 무엇인지 파악한 다음, 그 질문들에 대한 답변을 키워드로 정리해서 평소에 자주 말해보는 것입니다.

📖 미리 답변을 준비해야 할 기본적인 질문들은 무엇인가?

대입 면접에서 가장 높은 빈도를 차지하는 질문은 자기소개서나 학교생활기록부를 바탕으로 물어보는 '확인형' 질문들입니다. 면접관은 수험생의 답변에 '꼬리를 잡고' 추가 질문을 던지기도 하죠. 이 역시 지원자가 제출한 서류의 내용을 확인하는 데 그 목적이 있습니다. 그런데 이 과정에서 아래의 질문에 대해 스토리나 사례를 가지고 답변할 내용들을 미리 만들어놓으면 유용하게 써먹을 수 있습니다. 그러나 답변할 내용을 구성해놓는다는 것은 답변에서 꼭 그대로 말한다는 것이 아니라는 점도 알아둡시다.

---

① 자기소개 ② 가치관 ③ 장점과 단점 ④ 동아리 활동 ⑤ 봉사활동 ⑥ 독서활동내용 ⑦ 지원동기 ⑧ 입학 후 대학생활 계획 ⑨ 장래희망, 포부 ⑩ 지원한 대학, 학과와 관련해서 어떤 노력을 해왔나요? ⑪ 왜 하필이면 우리 대학인가? ⑫ 지원자를 뽑아야 하는 이유는? ⑬ 갈등이나 어려움을 극복한 경험 ⑭ 여러 곳에 합격하면 어디로 갈 건가요? ⑮ 마지막으로 하고 싶은 말은? ⑯ 자기소개서나 학교활동기록부의 세부사항

위의 질문들은 어느 해든지 어떤 대학에서도 다시 물어볼 가능성이 높습니다. 이 책을 읽고 있는 학생들도 올해 면접시험장에 간다면 위와 비슷한 질문들이 쏟아질 것입니다. "정말 그래요?"라고 묻는다면 '확실히

'그렇다'고 자신 있게 대답해줄 수 있죠. 토씨 하나 틀리지 않고 완전히 똑같은 질문을 하진 않겠지만, 면접관은 수험생들에게 위의 10~15개 질문들을 요령껏 변형해서 다시 물어볼 뿐입니다.

그러므로 위의 10~15가지 질문에 대한 예상답변을 학교생활기록부와 자기소개서를 참고로 해서 키워드나 핵심어구로 꼭 준비하도록 합시다. 제 말에 의심을 품을지 모를 학생들을 위해 2017년도 주요 대학 면접에서 나왔던 질문들을 적어보았습니다.

---

① 자기소개해보세요.(중앙대 경영학과)

② 지원동기를 말해보세요.(경희대 철학과)

③ 우리 과에 들어와서 집중적으로 배우고 싶은 영역은?(동국대 법학과)

④ 고난을 극복한 사례가 있다면 말해보라.(국민대 국제학부)

⑤ 왜 서울대가 학생을 뽑아야 하는가?(서울대 조선해양공학과)

⑥ 의사결정 과정에서 갈등이 있었던 경험이 있다면 이야기해보라.(연세대 경제학과)

⑦ 다른 대학교에도 합격한다면 어떻게 할 건가요?(한국외대 정치외교학과)

⑧ 자신의 꿈이나 진로에 대해 한번 말해보세요.(서강대 전자공학과)

⑨ 본인의 가치관은 무엇입니까?(숙명여대 인문계열)

⑩ 존경하는 인물이 있다면 누구입니까?(이화여대 자유전공학부)

⑪ ○○책을 읽었다는데, 그 책을 읽고 난 뒤 본인이 느낀 점이나 변화된 점을 말해보라.(한국외대 포르투칼어과)

위의 질문들을 살펴보니 역시 '미리 준비해야 할 10~15가지 기본적인 질문'의 범주에서 크게 벗어나지 않지요? 올해도 그럴 것이고, 내년도 마찬가지입니다. 학교마다 질문에다 약간의 변형만 할 뿐, 거의 그 범위를 벗어나지 않을 것입니다.

'그래도 선생님, 위의 질문 범위에서 벗어난 질문이 나왔을 때는 어떻게 대처하면 좋을까요?'라고 묻는다면, 그 부분도 일단 '별 걱정하지 마라'고 말하고 싶습니다. 우리는 이 책 7장 〈예상치 못한 질문에도 쉽게 대처하는 방법〉에서《죽은 경제학자의 살아있는 아이디어》를 7번 읽은 학생이 다양한 질문에 답변할 수 있는 가능성을 살펴볼 수 있습니다. 따라서 위의 10~15개의 질문에 대한 예상답변을 미리 준비한다면, 수십 가지 질문에도 순발력 있는 답변을 할 수 있는 것입니다. 면접은 '수학의 함수'처럼 일대일로 딱 맞아 떨어지는 답이 있는 것이 아니기 때문입니다.

📖 달변보다는 답변의 알맹이가 더 중요

면접특강을 진행하다 보면 "제가 자소서를 오랫동안 공들여 썼는데, 개인적인 질문에 대비해서 스토리나 사례를 작성해볼 필요가 있을까요?"라고 물어보는 학생들이 꽤 있습니다. 그럼 저는 "그럼 내가 당장 면접관의 역할로 물어볼게. 너의 장단점에 대해서 1분 내로 지금 이야기해보렴"

하고 일부러 묻습니다. 그럼 대부분의 학생들은 "어, 어 저의 장점은, 음~ 착하고, 음~활동적이며… 그리고 단점은… 음, 생각 좀 하고 말할게요" 라는 식으로 얼버무리기 일쑤였습니다. 그 학생이 전교 1등이든, 100등이든 답변 연습을 안 하면 거의 마찬가지였습니다. 몇 마디 한다 해도 그냥 자기의 성격을 대충 말하고 그치고 맙니다. 그럼 저는 깨달으라고 다시 말해줍니다. "18년이나 살아온 네 인생을 두고 장단점도 제대로 설명하지 못하는 이 상황이 우습지 않냐?"라고 말이죠. 전직 기자이면서 《뽑히는 글쓰기》의 저자 최윤아는 자신의 저서에서 면접은 말할 내용이 말을 잘하는 것보다 중요하다고 강조하고 있습니다.

대다수의 지망생은 면접스터디를 한다. 예상 질문을 던져보고 답변을 듣는다. 이런 훈련도 당연히 중요하다. 말을 중언부언하거나, 목소리가 기어 들어가거나, 자세가 삐딱한 것 같은 여러 결점을 이 연습을 통해 파악할 수 있다. 그러나 이것만 해서는 충분하지 않다. 면접이 평가하려는 건 '말하는 기술'이 아니라 '말의 알맹이'이기 때문이다. 얼마나 잘 말하는지 보다 무엇을 말하는지를 본다는 뜻이다. 말의 알맹이를 만드는 데는 실전연습보다 차분한 원고 작업이 더 효과적이다.

– 《뽑히는 글쓰기》 중에서

📖 말하기 연습보다 스토리 구성이 먼저다

면접은 신경 쓰지 않고 대충 준비하면 공포와 어려움으로 다가옵니다. 김홍희 동국대학교 책임입학사정관은 아시아경제신문과의 인터뷰에서 다음처럼 말합니다.

"관련 서류 제출일과 면접일 사이에 1달가량의 시간이 있는데 실제로 자신이 써낸 내용도 잘 모르는 학생이 면접에 들어오는 경우가 적지 않다"고 말이죠. 한마디로 말해서 '면접? 어떻게든 되겠지'하는 안일한 생각에 젖어있는 수험생들이 꽤 많다는 얘기입니다. 그 안일함을 극복하는 출발점이 바로 학교생활부와 자기소개서를 토대로 예상답변을 작성해보는 일입니다.

해마다 고등학교에서는 대입 면접을 앞두고 실전처럼 말해보는 수업이 어느 정도 진행되고 있습니다만 우리 뇌 속에 정보가 들어오는 인풋(input)과 출력, 즉 아웃풋(output)과정은 엄연히 다르기 때문에 면접 전에 '말하기 연습'은 실전처럼 반복해보아야 합니다.

미리 자신만의 답변과 그에 맞는 스토리를 준비해두지 않은 상태에서의 면접을 대비한 말하기 연습은 한계가 있습니다. 실제 시험에서는 예상치 못한 돌발적인 질문이 나올 수 있기 때문입니다. 이 경우에도 미리 준비한 학생들은 그중에서 필요한 부분을 '쏙' 뽑아내어 쉽게 말할 수가 있지요.

정리하면 어떤 학생이 스토리를 바탕으로 답변을 구성해놓으면 해마다 대학에서 자주 출제되는 질문엔 능숙한 답변이 가능하고, 예상치 못한 돌발 질문이 나오더라도 이미 준비한 내용들을 응용해서 멋지게 말할 수 있습니다.

〈 **6장** 〉
노트를 장만해서
예상답변과 지적받은 부분을 정리하라

　　보통 3~5:1정도의 면접 경쟁률을 뚫으면 이제 자신의 소망하던 대학의 신입생이 됩니다. 이 해볼 만한 경쟁 상황에서 면접시험 직전까지 최종 길잡이가 될 만한 것이 있다면 뭘까요? 그건 바로 자기소개서와 학교생활기록부의 사례를 바탕으로 답변 연습을 반복하는 과정에서 깨닫게 된 자신의 약점기록 노트입니다.

　　대한민국 고등학생이라면 수능이나 내신과목의 뒤떨어진 점수를 보완하기 위해 '오답노트'라는 것을 한번쯤 만들어보았을 것입니다. 예컨대 수학, 영어와 같은 과목의 틀렸던 문제들을 기록하고 그 풀이과정도 상세히 적어보았을 것입니다. 똑같은 실수를 반복하지 않겠다는 의미겠지요. 그런데 면접을 연습하면서 학교선생님이나 전문가로부터 교정받은 부분 혹은 답변 연습을 하다가 말이 막혔던 부분들에 대해서는 왜 꼼꼼히 기록해두지 않는 걸까요?

📖 빈출질문에 대한 스토리와 예상답변을 정리하라

노트에 스토리나 답변을 정리해야 할 부분은 다음과 같습니다. 해마다 반복적으로 물어보는 질문에 대해서는 학생부와 자기소개서를 참고해서 예상답변을 스토리를 활용해서 반드시 준비해야 합니다. 마음만 먹으면 학생부와 자기소개서를 펼쳐놓고 하루 만에도 작성을 마칠 수도 있습니다. 이것마저 부담스럽다면, 남은 기간 동안 자투리 시간에 매일 2~3개 정도의 예상 질문에 대한 답변을 자기소개서와 학교생활기록부를 바탕으로 틈틈이 정리하면 되겠습니다. 자투리 시간만 활용해도 일주일 정도면 모두 정리할 수 있습니다. 그 질문들은 언급한 바 있지만 다음과 같은 것들입니다.

> ① 자기소개 ② 가치관 ③ 장점과 단점 ④ 동아리 활동 ⑤ 봉사활동 ⑥ 독서활동내용 ⑦ 지원동기 ⑧ 입학 후 대학생활 계획 ⑨ 장래 희망, 포부 ⑩ 지원한 대학, 학과와 관련해서 어떤 노력을 해왔나요? ⑪ 왜 하필이면 우리 대학인가? ⑫ 지원자를 뽑아야 하는 이유는? ⑬ 갈등이나 어려움을 극복한 경험 ⑭ 여러 곳에 합격하면 어디로 갈 건가요? ⑮ 마지막으로 하고 싶은 말은? ⑯ 자기소개서와 학교활동기록부의 세부사항

우선, 자기소개서나 학교생활기록부를 바탕으로 봉사활동에 관한 핵

심스토리를 선택합니다.

자기소개서를 바탕으로 한 스토리 선택

친구의 소개로 ○○광역시 시각장애인 단체에서 추진하는 '시각장애인을 위한 워드입력봉사'라는 활동을 알게 되었다. 시중에 판매하는 도서를 점자책으로 옮기는, 텍스트 파일을 워드로 바꾸어 입력하는 작업이었다. 그곳에 계신 분들은 이것을 보통 '점역봉사'라고 불렀다. 해당 기관에 전화하니 "시간이 많이 들어가는 작업이라 고등학생에게는 그다지 추천하고 싶진 않아"라고 관리자 선생님께서 말씀하셨다. 그래도 내 노력이 들어간 점자 도서가 시각장애인들에게 읽힌다면 그 또한 보람될 거라 생각했다.

그래서 자신 있게 "해볼게요!"라고 말씀드렸다. 사실 이런 결정을 한 데에는 개인적인 사정이 크다. 나에게는 30분 늦게 태어난 일란성 쌍둥이가 있는데, 동생은 나와 달리 몸이 허약해 초등학교때부터 학교를 자주 빠졌다. 그래서 방과 후에 오늘 학교에서 공부했던 교과서를 읽어주거나 같이 공부하는 것은 순전히 내 몫이었다. 이와 같이 시각장애인들에 대한 '점역봉사'도 나에겐 '꼭 해야 할 무언가'로 다가왔다.

일단, 점역봉사를 할 책은 혜민 스님이 쓴 베스트셀러《멈추면 비로소 보이는 것들》로 정했다. 수업을 마치고 기숙사에 도착하면 잠이 쏟아졌지만, 1시간 정도 텍스트 파일을 작성하고 잠자리에 들었다. 무엇보다도 컴퓨터의 모니터를 계속 보며 작업하니까 눈이 피로한 것이 문제였다.

　기숙사에 돌아와서도 부족한 공부를 계속하는 친구들을 보면, '내신, 수능 공부해야 하는데… 괜히 시작했나?'하는 후회가 불쑥불쑥 들기도 했다. 그러나 내가 타이핑한 점자 도서를 읽고 즐거워하는 시각장애인들을 상상하니 기분이 좋았다. 나의 점역봉사도 일종의 단순작업이 아니라 '번역'이라는 생각을 했다. 텍스트 파일을 작성하는 시간만큼은 나도 번역가가 된 듯한 기분이었다.

　이제 위의 스토리를 바탕으로 면접관의 '동아리 활동'에 대한 질문에 대비해봅시다. 핵심어나 중요어구를 활용해서 노트에다 간단히 기록하는 겁니다. 수험생은 키워드로 정리된 것을 자연스럽게 말해야지, 앵무새가 말하는 것처럼 외워서 말하는 답변은 부자연스러운 티가 확 납니다. 또한 외워놓은 답변에 관한 질문이 나오지 않으면 당황하기도 쉽지요. 그러므로 예상 질문에 대비해서 사례나 스토리를 바탕으로 한 키워드나 핵심 어구로 답변을 적어놓고 이것에다 살을 붙여 말하는 편이 훨씬 낫습니다. 이후 더 좋은 생각이나 아이디어가 떠오르면 추가해서 덧붙이면 될 것입니다. 이때 키워드로 아예 처음부터 '결론-근거-사례 및 T.O-마무리'의 구조로 정리하는 것도 좋은 전략입니다.

동아리 활동에 대한 예상답변 정리

예상 질문 ① 봉사활동에 대해 한번 이야기해보세요.(다음과 같은 질문도 추가로 예상할 수 있겠다) ② 봉사활동을 하면서 특히 기억에 남은 사건이 있다면? ③ 봉사활동이 지원한 전공에 어떻게 도움이 될 거라고 생각하는가? 등.

결론 ①, ②를 물어보면 동아리 활동 중 '점역봉사'라는 핵심 사건을 구체적으로 결론부터 이야기 한다. ③을 물어보면 사회복지학을 전공해서 사회적 기업의 CEO가 되기 위한 의미 있는 경험이었다고 이야기하자.

근거 사례 점역봉사 도전 : 학교 수업 후 매일 텍스트파일 작업-눈이 아프고, 괜히 했다는 생각도 듦(언더독), 그러나 끝까지 해냄(면접 상황을 보고 시간이 충분하면 아픈 쌍둥이 동생의 이야기도 곁들이자) + T.O(의미, 가치, 깨달음, 느낌): 나의 자그마한 도움이 많은 사람에게 즐거움을 줄 수 있음, '점역봉사'도 일종의 번역이라는 의미를 부여, 공감에 대한 언급.

정리 면접관이 물어볼 단어를 재차 언급하면서 답변을 마무리하자.

전략 봉사활동에 관한 어떤 질문이 나오더라도 이 내용을 응용해서 말하자.

📖 답변 연습과정에서 발견한 보완점도 기록해두자

'기록은 천재를 이긴다'는 말이 있습니다. 아무리 암기의 천재라도 기억에서 잊어버리면 소용이 없다는 의미일 것입니다. 그러므로 위와 같이 기본 질문들에 대해 학교생활기록부나 자기소개서를 바탕으로 예상답변이나 스토리를 재구성해놓으라는 것입니다.

그와 더불어 더 중요한 것은 답변 연습을 실전 같이 해본 뒤에 부족했던 점을 반드시 기록해놓으라는 점입니다. 이때 보완방법 즉, '약점보완 대책, 대안'도 옆에다 간단히 적어봅시다.

다음처럼 말이죠.

예) 9월 28일 면접 연습 피드백

1. 면접 연습을 시켜주는 국어선생님께서 '답변이 전체적으로 장황하고 길어서 지루한 느낌이다'라고 말씀하심

   → **대안** 준비한 스토리를 더 압축하고, 예상답변을 1분 이내에 말하려고 노력하자

2. 장래 희망을 묻는 선생님의 갑작스러운 질문에 답변이 막혔음

   → **대안** '미래'를 묻는 질문에 대해서는 구체적으로 말하려고 노력하고 학과연관성을 고려해서 말할 것

3. 말이 다소 빠르다는 지적이 있음

   → **대안** 결론부터 또박또박 말하고, 이미지 트레이닝으로 꾸준히 연

습할 것

4. 답변의 끝맺음이 다소 흐리다는 지적

　→ **대안** 답변의 처음부터 끝까지 음계의 '솔'음 정도로 말해보고, 의

　　식해서 말의 끝맺음에 신경 쓰자

5. 기타: 익숙한 환경으로 받아들이기 위해 이번 주말에 ○○대학 면접

　　장소에 미리 가보자

📖 미리 준비하면 면접은 두렵지 않다

"저는 원래 성격이 과묵해서 마음먹은 대로 표현을 잘 못해요"라고 말
하는 학생들도 있습니다. 그러나 순간적으로, 즉흥적으로 마음에 있는 생
각을 말로 100% 표현하는 사람은 사실 드뭅니다. 연설도 강연도 그 어떤
말하기도 마찬가지죠. 준비와 연습을 반복해야 제대로 내용을 청중에게
전달할 수 있습니다.

100년 만에 한 번 나올까 말까 한 천재라 불리는 스티브 잡스도 오죽
했으면 새 아이폰이 출시될 때마다 며칠 밤을 세워가며 프리젠테이션을
준비했겠습니까? 대입 면접은 꼬박 밤을 새면서 준비할 필요도 없습니다.
고등학교 3년 내내 매달려야 하는 수능이나 내신과도 다르고 꾸준히 시간
을 들여서 하는 논술시험보다도 준비가 쉬운 것이 바로 면접입니다.

지금이라도 얇은 노트를 구입한 다음, 학교생활기록부와 자소서를 바탕으로 예상 질문에 대한 답변을 구성해서 적어봅시다. 그 내용을 다른 사람 앞에서 말해보고 피드백을 받아 개선해야 할 점을 같은 노트에다 역시 기록해보세요. 그리고 면접 직전까지 꾸준히 노력합시다.

〈 7장 〉

예상치 못한 질문에도
쉽게 대처하는 방법

알렉스 로비라 등이 집필한 《준비된 행운》이란 책에는 "행운이 찾아오지 않는 데에는 그럴 만한 이유가 있다. 모든 사람이 행운을 움켜쥐려 하지만 정작 찾아 나서는 사람은 없다. 행운을 맞이할 준비는 자기 자신만 할 수 있다. 그리고 그 준비는 누구나 당장 시작할 수 있다"라고 말합니다.

경쟁이 치열한 면접시험에 합격하는 '운'을 얻기 위해서는 '준비'가 필요합니다. 대입 면접에서 그 준비는 해마다 출제되는 질문 10~15개 정도에 대해 자소서의 스토리와 학교생활기록부를 참고해서 답변을 구성하는 것에서부터 출발합니다. 그렇게만 한다면 예상하지 못한 질문이나 압박형 질문이 나오더라도 그 답변들을 응용해서 충분히 말할 수 있습니다.

📖 내세울 만한 스토리나 사례를 응용해서 말하자

예를 들어 평소에 경제 분야에 관심이 많아《죽은 경제학자의 살아있는 아이디어》라는 책을 7번 정도 읽은 학생이 있는데, 이 학생은 독서활동에 대한 질문에 예상답변을 만들기 위해 다음과 같이 스토리 정리를 했습니다.

> - 《죽은 경제학자의 살아있는 아이디어》를 틈틈이 읽었음, 총 7번
> - 멜서스의 인구론에 대해 감명: 멜서스는 인구는 기하급수적으로 늘어나고 식량은 산술급수적으로 증가한다고 함. 그러므로 인류는 기아에 시달릴 것이라고 주장, 오늘날의 상황과는 맞지 않는 면이 있음
> - 이 책의 내용 중 케인즈의 대공황정책에도 인상을 받음: '한 사람의 생각과 아이디어가 세계의 경제를 좌지우지 할 수도 있다'고 깨달음
> - 고령화 사회로 진입하는 한국의 인구문제와 실업문제에 대해서도 생각해 봄
> - 이 책 덕분에 고등학교 경제과목 시간이 더 좋아짐: 특히 경제는 내신과 모의고사에서 늘 만점에 가까운 성적을 받음
> - 더불어 경제학과에 진학하면 '경제수학'을 배워야 한다는 사실을 알고, 수학공부도 더 열심히 하게 됨

자, 이 학생이 지원한 대학 경제학과 면접시험 장소에 도착합니다. 면접장소의 문을 열고 인사를 하고 자리에 앉자, 면접관이 곧 여러 가지 질문을 퍼붓습니다. 그러다가 "가장 관심 있게 읽은 책은 무엇인가?"(A질문), 《죽은 경제학자들의 살아있는 아이디어》를 여러 번 읽었는데 가장 감명 깊게 느낀 대목은 어디인가?"(B질문)등의 질문을 합니다.

이때 수험생은 속으로 '적중했구나'하며 쾌재를 부를 것입니다. 미리 준비해놓은 '독서에 관한 스토리'는 위의 두 질문에 대한 '직접적인 대답'이 될 만한 내용이기 때문입니다.

📖 준비된 스토리를 다른 질문에 활용하라

만약 질문자가 위의 A, B 질문과 같은 '독서활동'에 대해 전혀 묻지 않고, 다른 질문을 던지더라도 앞서 정리해 둔 《죽은 경제학자의 살아있는 아이디어》를 7번 반복해서 읽은 독서 스토리를 또 응용할 수 있습니다. 어떻게 하냐구요?

다음과 같이 말하면 되는 것입니다.

> **면접관:** 본인의 성격 중 스스로 생각해봐도 칭찬할 만한 점이 있다
> 면?(C질문)

수험생: 네. 끝까지 파고드는 성격이 칭찬할 만하다 생각합니다. 한번 의문이나 관심을 가지면 궁금증이 해결될 때까지 찾아보는 스타일입니다. 한번은 보이지 않는 손에 대한 애덤 스미스의 이론을 접하게 되었는데 그 이론에 궁금증이 생겨 학교 도서관에 가서 관련 책들을 찾아보다가 우연히 《죽은 경제학자의 살아있는 아이디어》란 책을 읽었습니다. 그 책을 틈틈이 읽어보니 재미가 있어서 총 7번을 읽게 되었습니다. 특히 멜서스의 인구론에 대해 감명받았고 케인즈의 대공황정책도 인상 깊었습니다.

이 책을 여러 번 읽고 나자, 저는 고령화 사회로 진입하는 한국의 실업문제와 일본의 경제 불황시기인 '잃어버린 20년'까지 관심이 생겼습니다. 경제 과목에 대한 관심이 높아지자 경제 과목은 늘 만점이었고, 수학 과목에도 더 노력을 기울였습니다. 이처럼 한번 궁금증이 생기면 꼬리에 꼬리를 물고 끝까지 파고드는 점이 칭찬할 만하다고 생각합니다.

면접관은 수험생에게 '성격 중 스스로 생각해봐도 칭찬할 만한 점이 있다면?'이라고 물어보았는데, 답변자는 《죽은 경제학자의 살아있는 아이디어》라는 책을 다독한 경험을 끄집어냅니다. 이 정도 답변했다면 면접관은 그 책에서 감명받은 부분이 뭔지, 또 특정 학자의 이론에 대한 것을 추가적으로 물어볼 가능성도 있습니다. "그렇다면, 멜서스의 인구론에서 핵심주장은 무엇인가요?" 라는 식으로 말이죠. 즉, 추가 질문을 던진 것입니다.

이 순간, 면접관들은 이 수험생이 처음 답변에서 던진 '미끼'를 물었다고 할 수 있습니다. 그 책을 7번 정도 읽었다면 내용 중에서 멜서스의 인구론에 대한 핵심내용은 쉽게 말할 수 있었을 것입니다. 이것이 스토리를 활용해서 답변하는 방법의 끝이 아닙니다. 위의 독서활동 스토리 정리내용은 또 다른 질문에도 활용이 가능합니다.

면접에서 위의 A, B, C질문 말고도 '지원자는 공부 외에 취미활동은 어떤 것이 있는가?'하는 질문을 예상치 못하게 받았다고 합시다. 그때에도 응용이 가능합니다.

면접관: 공부 외에 취미활동은 무엇인가?

수험생: <u>예, 취미활동은 틈만 나면 경제학 관련 도서들을 꺼내어 읽어보는 것입니다.</u> 장차 국가경제와 관련된 행정관료가 되고 싶은 꿈이 있기 때문입니다.(이렇게 말한 뒤 《죽은 경제학자의 살아있는 아이디어》를 읽은 경험을 또 끄집어낸다) 특히 제가 고등학교 기간 동안 틈틈이 읽은 경제학 서적 중에서도 감명 깊은 책은 《죽은 경제학자의 살아있는 아이디어》였습니다. 특히 그 책에서 멜서스의 '인구론'에 대한 내용이 흥미로웠는데, 멜서스는 인구는 기하급수적으로 계속 늘어나고 식량은 산술급

수적으로 증가하기 때문에 결국 인류는 기아에 시달릴 것이라고 주장했습니다. 그러나 그 주장과는 정반대로, 고령화 시대에 출산율이 떨어지고 농촌과 도서 지역에는 사람이 살기 싫어하는 요즘, 경제학에서 '인구'에 대한 부분은 특히 연구해볼 문제라고 생각합니다. 이처럼 경제학 관련 서적을 틈틈이 읽는 것이 취미입니다. 책 읽는 습관을 대학에 가서도 계속 유지하려고 합니다.

이러한 답변이라면 면접관의 관심을 끌기엔 충분했을 것이고, 면접관은 수험생이 이야기한 멜서스의 《인구론》의 핵심내용에 대해서나 한국 사회가 직면한 심각한 고령화, 저출산 문제에 대한 추가 질문을 할 수도 있을 것입니다.

좀 더 낙관적으로 생각하면 면접에 참여한 어느 교수는 위 수험생의 대답을 들으면서 '이 녀석 내가 연구를 추진하는 분야에 관심이 꽤 높네? 합격시켜서 한번 키워볼까?'하는 생각을 할지도 모릅니다. 지원자는 위의 답변에서, 장차 경제학을 전공할 사람으로서의 열정과 관심을 이미 충분히 표현했기 때문입니다.

📖 준비해둔 자료가 위력을 발휘하는 면접

"강사님, 제가 들어간 면접시험에서는 준비한 답변에서 질문이 하나도 나오지 않았어요. 올해는 참 운이 없네요" "면접관이 그런 질문을 할 줄은 미처 몰랐어요. 몰라서 그냥 대충 얼버무리고 나왔지 뭐예요"라고 말하는 학생들이 있습니다.

그 말이 타당하다면 면접이란 평가방식은 '운'이 지배하는 시험이라는 결론이 나옵니다. 예상한 질문이 나오면 쉽게 대답할 수 있고, 준비하지 못한 질문을 받게 되면 어쩔 수 없이 탈락하는 시험이라는 뜻이지요.

대입 면접은 과연 그런 평가일까요? 그렇지가 않습니다. 오히려 인식을 바꾸는 것이 필요합니다. 수학의 함수 문제처럼 일대일 대응으로 답이 정해져 있는 평가가 아니라, 묻는 질문에 핵심을 찌르는 답변을 골자로 웃음을 잃지 않는 태도, 긍정적이면서도 자신감 있는 목소리 등을 종합적으로 반영하는 평가라고 말이죠.

그러므로 예상치 못한 질문이나 압박질문을 받아도 이미 준비해둔 답변의 내용을 응용해서 최선을 다해 답변하는 태도를 보이는 것이 중요합니다. "잘 모르겠습니다"라는 단답형의 말과 '침묵'하는 모습으로 면접장의 분위기를 썰렁하게 만들어서는 안 된다는 것을 기억하도록 합시다.

〈 8장 〉
이왕이면 능동적이고
역동적인 말을 하라

면접 위원들은 해마다 '올해는 우리 학교를 빛낼 만한 인재를 어떻게 찾아낼까?' 하는 고심을 거듭하겠지요. 그들은 지원자 한 명 한 명을 허투루 보지 않습니다. 아직은 '원석'에 불과하지만 그 수험생들 중에 누군가가 미래에 4차 산업혁명을 주도하는 테슬라의 앨런 머스크나 페이스북의 창업자 마크 저크버그, 마이크로소프트의 빌 게이츠, 워렌 버핏과 같은 사업가가 될지, 에이브러햄 링컨이나 처칠 수상, 백범 김구 선생처럼 역사에 남는 위대한 정치가가 될지 어떻게 알겠어요?

지원자의 성장가능성을 10~20분 정도의 면접으로 평가한다는 것은 사실 어려운 일입니다. 하지만 면접관이 지원자와 대학에서 합숙하면서 그 면면(面面)을 세밀히 들여다볼 수도 없는 노릇입니다. 그러므로 수험생은 면접의 짧은 시간 동안 능동적이고, 역동적인 진행형의 어휘를 사용해서 적재적소에 자신의 성장(미래)가능성을 드러내는 것도 현명한 전략입니다.

116

📖 과거의 경험을 나열하는 데 그치지 마라

'성장가능성'은 곧 '발전가능성'을 의미합니다. 따라서 수험생이 시간의 순서대로 과거의 사실만 나열하는 연대기식의 답변은 매력이 없습니다. 답변에서 "~해본 적이 있습니다" "동아리에서 ~활동을 했었습니다" "~같은 봉사활동을 했었습니다"라는 말만 나열하면 면접관은 지원자에게 발전가능성을 찾기가 힘듭니다. 서류에 이미 적힌 내용을 반복해서 말할 뿐이니까요.

아래의 사례에서 하나의 질문에 대해 수험생 A, B, C 가 답변하는 내용을 비교해보길 바랍니다.

면접관: 고등학교 생활 중에서 특별히 기억에 남는 일이 있다면 한번 말해보세요.

A수험생: 고3 때 참여했던 학교 축제가 기억이 남습니다. 저에게는 고등학교 졸업 전 마지막 축제라서 의미가 있기도 하지만, 학교 친구들 모두가 그동안 연습한 것을 보여주기 위해 노력하는 자리였습니다. 또 교내 체육대회도 기억에 남습니다. 모두 한마음으로 1등을 차지하기 위해 노력했습니다.

B수험생: '시사문제 연구 동아리' 활동이 기억에 남습니다. 일주일에 한 번 모여 신문을 스크랩한 뒤, 중요한 내용을 발췌하여 서로 토론하고 의견을 나누었습니다. 그 결과들을 기록하고, 담

당하는 선생님과 한 달에 한 번씩 모여 피드백을 받았습니다. 우리나라에서 일어난 여러 사회문제들에 대해 꾸준히 토론해 보았다는 점에서 좋은 경험이었다고 생각합니다.

C수험생: 저는 2학년 겨울방학 때 포항공대 대학원생에게 컴퓨터 프로그래밍 수업을 들은 것이 기억에 남습니다. 1학년 때 저는 게임중독이라는 평가 결과를 받았습니다. 그래서 정말 게임 분야에 열정이 있는 건지 아니면 게임을 하며 놀고 싶은 건지 알고 싶었습니다. C언어라는 개념도 모르던 제게 난해한 용어들과 함수들은 쉬울 리가 없었지만 코드를 하나하나 입력해서 마침내 완성한 프로그램이 작동되었을 때는 정말 큰 희열을 느꼈고 그 이후로도 C언어 강의 사이트에 들어가서 공부하고 강사님과 이메일을 주고받으며 C언어를 꾸준히 배웠습니다. 이런 과정을 통해 건전한 게임을 개발하는 인디 게임개발회사 경영인이 되고 싶다는 꿈을 꾸게 되었습니다. 내신과 수능 공부로 정신이 없었지만 시간을 쪼개어 컴퓨터 프로그래밍 배웠다는 점이 공부 외에 가장 기억에 남았던 일입니다.

위의 답변을 분석해보면 A수험생은 준비한 스토리로 말한 것이 아니라 즉흥적으로 답변했을 가능성이 높습니다. '학교 축제'에 대해 얘기하면서 단순히 경험 사실만을 나열하고 있기 때문입니다. 그러나 '학교 축제'를 통해 자신이 어떤 깨달음과 교훈을 얻었는지는 전혀 언급되지 않는 평범한 답변이 되고 말았습니다.

즉, 면접에서 'A수험생만이 말할 수 있는' 임팩트 있는 답변이 되지 못한 것입니다. 이처럼 어떤 사건에 대해 사례나 스토리를 미리 구성해놓지 않으면, 긴장감으로 인해 추상적이고 일반적인 답변을 말하는 경우가 많습니다. 어디서부터 어떻게 말해야 할지 감이 오지 않기 때문입니다.

B수험생의 답변은 어떻습니까? 결론부터 말했고 과정도 이야기도 했지만 핵심사건을 사례로 들지 못했습니다. '시사문제 연구 동아리'의 여러 활동들 중에서 기억에 남는 '핵심사건'에 집중해서 답변을 전개했다면 훨씬 좋았을 것입니다.

반면, C수험생은 결론부터 '1학년 때 게임중독이라는 결과를 받았다'라는 임팩트 있는 말과 함께 '포항공대생으로부터 컴퓨터프로그래밍을 익혔다'는 결론으로 답변을 시작합니다. 결론부터 구체적으로 말하면 이유(근거)가 되는 내용들은 더 자세하게 말할 수 있다는 점을 기억해야 합니다. 위의 답변자는 과거의 성공과 도전 경험을 말하는 것에 머무르지 않습니다. 답변의 마지막에 미래에 게임업계의 CEO가 되겠다는 포부까지 곁들이고 있지요. 질문자는 '고등학교 생활 중에 기억에 남는 일이 무엇인가?'라고 물었지만 답변자는 묻는 것에 충실히 답을 하는 동시에 자신의 '성장(미래)가능성', '전공적합성'을 드러내고 있습니다.

📖 역동적인 표현을 넣어라

그렇다면 성장가능성을 보여주는 구체적인 표현에는 어떤 것들이 있을까요? 그 표현들은 막연히 '합격하면 앞으로 최선을 다하겠다', '합격만 시켜주시면 대학에 와서 뭐든 다 하겠다'와 같은 막연한 내용이 아닙니다. '나는 이러한 작고 큰 성공과 경험, 도전을 해왔다. 그런 경험을 바탕으로 무엇을 깨달았고, 앞으로도 어떻게 할 것이다'라는 내용이 담겨있어야 '살아 꿈틀대는 듯한' 표현이 됩니다.

답변에서 이런 것들이 군데군데 섞여 나올 때, 입학사정관은 '이 학생은 대학에 와서도 전공공부를 잘 할 것 같은데?' 혹은 '이 학생은 우리 대학이 원하는 인재상과 제법 들어맞는데?'와 같은 생각을 할 것입니다.

이런 '역동성'을 지니고 있는 구체적인 표현들을 예로 들면 다음과 같습니다.

나는 ① ~ ⑫를 해보았습니다(~이 있습니다)
① 최초로 시도하거나 도전해본 경험 ② 좋아하는 교과목에 몰입함 ③ 공동체에서 주어진 일을 완수 ④ 남과 원만하게 지내고 희생정신이 있음 ⑤ 어떤 일에 최선을 다함 ⑥ 어려움을 극복해본 경험이 있음 ⑦ 작고 큰 성공들을 경험해봤음 ⑧ 열정과 의지, 호기심 충만함 ⑨ 자기주도적으로 공부를 함 ⑩ 지식과 경험에서 배우기를 좋아함 ⑪ 남과 다른 자신만의 장점, 강점이 있음 ⑫ 약점을 보완하려고 노력함

> 이런 경험을 바탕으로 대학에 입학하면 ~할 것입니다.

　사람은 일생을 살아가면서 누구나 작고 큰 어려움들을 만납니다. 대학에 입학해서도 마찬가지고 대학을 졸업하고 나서는 사회라는 '정글'에서 끊임없이 경쟁하며 살아가야 합니다. 그러나 지원자가 열정과 의지, 삶에 대한 호기심, 도전정신, 희생정신 등을 가지고 있다면 삶의 각종 난관과 장애들을 언젠가는 돌파할 것입니다.

　면접관들은 수험생들이 그런 삶에 대한 의지와 정신이 있는지 면접의 답변을 통해 파악하고자 합니다. 그러므로 지원자가 '과거에도 작고 큰 사건과 어려움에 도전, 경험하고 난관을 돌파했듯이 앞으로 대학생이 되어서도 그러할 것입니다'라는 인상을 준다면 면접관들에게 신뢰를 줄 수 있습니다.

📖 '나'라는 보석의 크고 작은 성공경험을 말하라

　면접의 답변은 과거의 활동들을 나열하는 데 그쳐서는 안 됩니다. 그것은 미리 준비가 되어있지 않았다는 의미입니다. 면접의 답변은 진행형의 표현들이 담겨있어야 합니다. 그러기 위해서는 고등학교 기간 동안 있었던 수험생의 작고 큰 성취 경험, 위기를 돌파한 체험 등을 정리해두었다가 1분 이내의 답변 속에 담을 수 있도록 반복 연습이 필요합니다.

물론 처음부터 이런 답변을 술술 내놓는 것이 쉽지만은 않을 것입니다. 《1만 시간의 재발견》의 저자 안데르스 에릭슨은 어떤 분야든지 천부적인 천재이거나 재능은 없고 다만 '설계를 통한 의식적인 반복훈련'이 필요할 뿐이라고 말합니다. 이 말처럼 면접에서의 답변도 의식적인 목표를 가지고 꾸준히 연습한다면 자신의 '성장가능성'을 담아낼 수 있을 것입니다.

어떤
내용을
물어봐도
나는
자신 있다

SUCCESS... 99%

〈 1장 〉
알고 있는 지식을 연결해서
말하는 것이 곧 능력이다

창의적인 답변은 과연 어떻게 말하는 것일까요? 뭔가 기발한 아이디어가 포함되어야 하는 것일까요? 애플사의 아이폰을 한번 생각해봅시다. 대부분 알고 있듯이, 이젠 고인이 된 스티브 잡스는 핸드폰, MP3, 디지털 카메라 그리고 인터넷 검색기능을 아이폰에 모두 담았습니다. 흩어져 있던 전자제품과 인터넷 기능을 하나로 '엮은' 것뿐이죠. 그런데 우리는 그 아이폰을 개발한 스티브 잡스를 두고 100년에 한번 나올까 말까한 '창의적 천재'라고 부릅니다.

즉, 창의는 기존에 없던 새롭고 기발한 것을 만들어내는 것을 말하기도 하지만 이미 있던 것들을 어떤 방법으로든 연결하고 종합했을 때 우연히 튀어나오기도 합니다. '창의적인 답변'도 마찬가지가 아닐까요? 뭔가 기발하고 거창한 답변이 창의적인 것이 아니라 내 머릿속 여기저기에 흩어진 지식들을 '서로 연결'한 대답이 바로 창의적인 답변인 것입니다. 대입 면접을 위해 전문적인 지식을 일부러 습득하지 않아도 학교수업에서 배운 지식들과 주변에서 얻은 정보로도 좋은 답변을 만들 수 있을 것입니다.

📖 학교에서 배운 지식과 스토리를 활용하라

모 대학 사회학과 면접에서 입학사정관이 지원자에게 물었습니다.

> **면접관:** 학생은 '공감'이 뭐라고 생각하나요?
>
> **A수험생:** 상대방의 감정을 서로 공유하고 느끼는 것이라고 생각합니다.(예상치 못했던 질문을 받아 열심히 했던 봉사활동 내용도 제대로 말하지 못함)
>
> **면접관:** <u>다 말한 건가요?</u>
>
> **A수험생:** 네.
>
> **면접관:** 아. 그럼 다른 질문할까요?

위 A수험생의 답변은 면접관에게 좋은 인상을 주지 못했을 것입니다. 왜일까요? 일단 결론은 이야기했으나 근거를 들지 못했기 때문입니다. 이런 답변을 '단답형의 대답'이라고 나는 부릅니다. 그 결과 추상적이고 모호하게 답변한 꼴이 되고 말았습니다. 포털 네이버 국어사전에서 '공감'이란 단어를 검색하면 '남의 감정, 의견, 주장 따위에 자기도 그렇다고 느낌'이라고 정의하고 있습니다. 그렇다면, 면접에서 어떤 질문이 나올지 모르는데 이런 사전적 개념정의를 포털 사이트나 국어사전, 사회과학 서적을 동원해서 모두 찾은 다음 외워둬야 합니까? 다른 예를 들어, '4차 산업혁명'에 대해 말해보라고 면접관이 물어보면 그 개념을 외우지 못한 수험생들은 면접에서 탈락해야 하는 것입니까? 4차 산업혁명에 대해서 학교에서 집중적으로 배운 적도 없지 않습니까?

나아가 면접관이 '정의에 대해 말해보세요' 또는 '민주주의에 대한 본인의 생각을 이야기해보세요'와 같은 질문을 던지면 어떻게 대답해야 할까요? 이런 질문에 대비하기 위해 예상 질문들을 수없이 뽑아 답변을 만든 다음, 빠짐없이 외워둬야 합니까? 아니면 '정치학'이나 '헌법'을 다룬 대학교재를 구해서 읽거나, 하버드대학 교수이자 베스트셀러 작가인 마이클 샌델의 《정의란 무엇인가?》와 같은 철학서적들을 펼쳐놓고 줄을 그어가며 읽어야 하냐는 것이죠.

군이 그럴 필요까지 없습니다. 학교의 수업에서 배운 지식과 자신의 경험을 활용해서 이야기하는 것으로도 좋은 답변을 할 수 있습니다. 다음의 사례는 위의 A와 똑같은 대학과 학과에 지원했던 합격생 B의 답변입니다.

면접관: 학생은 '공감'이 뭐라고 생각하나요?

B수험생: (예상치 못한 질문이었지만, 순간적으로 결론과 함께 자기가 경험한 스토리를 끌어온다) 공감은 어떤 개인이나 공동체가 100% 옳다고 생각하는 것을 추진할 때도 상대방을 배려해서 그 의견을 무시하지 않는 감정이라고 생각합니다. (결론) 저는 3년 내내 학교에서 기숙사 생활을 했는데, 6명이 같이 취침을 하는 방에

⋮

서 취침시간 이후에도 불을 켜놓고 공부하는 친구가 한 명 있었습니다. 불빛 때문에 저와 나머지 친구들도 잠을 자기 어려워, 다음 날 수업에 지장이 있을 정도였습니다. 저희는 그 친구가 왜 그런 행동을 하는지 물어보기로 서로 의논했고, 분위기가 좋은 상태에서 그 친구에게 차분히 물었더니 '가정 형편상 학교 장학금을 받지 않으면 수업료를 낼 수 없을 정도의 상황이다'라는 말을 하는 것이었습니다. 그 이야기를 들으니 먼저 대화를 청한 게 잘했다는 생각이 들었고 친구의 상황에도 공감할 수 있었습니다.(사례 및 T.O) 이렇게 생각해볼 때, 공감이란 상대방을 배려한 상태에서 이루어지는 구체적인 교감이 아닐까 생각합니다.(마무리)

어떤 질문이 들어와도 마찬가지입니다. 면접관이 '행복이 뭐라고 생각합니까?(2011, 서울대)'라고 물어보아도, '수능이 끝났다. 이제 남은 시간들을 어떻게 보낼 것인가?(2010, 서울대)'에 대해서 물어보아도 같은 논리로 답변하면 쉽습니다. 창의적인 답변이란 개인적인 경험과 수업, 독서에서 얻은 여러 가지 지식들을 융합한 답변이지 기존에 없던 기발한 내용을 창조해내는 것이 아닙니다.

📖 학교수업에서 배운 지식들을 활용하면 그만

2017년에 역시 내 면접수업을 들었고, 고려대학교 정치외교학과를 최종 합격한 C수험생에게 면접관은 "오늘날의 세계화에 대한 자신의 견해를 이야기해보라"고 말했다고 합니다. 예상치 못한 질문에 수험생들의 대부분은 '멘붕'에 빠졌을 테지만, 이 학생은 주말에 집에서 밥 먹다 얼핏 뉴스에서 본 '모 대기업이 반도체 공장을 미얀마에 세워서 그 나라에 경제적인 도움이 되고 있다'는 보도와 국어시간에 배웠던 시 한 편을 순간적으로 떠올립니다. 동시에 '대립구도'의 사고방식(뒤에서 배우게 됩니다)으로 세계화의 반대말은 '개별국가의 지역적면서도 고유한 현상'일 거라는 생각도 합니다. 그리고 마지막에 T.O(thinking, opinion: 의미, 가치, 깨달음, 느낌, 교훈, 가치, 배운 점 등)를 곁들여 말하기로 마음먹습니다.

(중략)

이것은 그 곰의 잔등에 업혀서 길러났다는 먼 옛적 큰마니가

또 그 집등색이에 서서 자채기를 하면 산 너머 마을까지 들렸다는

먼 옛적 큰아바지가 오는 것같이 오는 것이다.

아, 이 반가운 것은 무엇인가

이 히수무레하고 부드럽고 수수하고 슴슴한 것은 무엇인가

겨울밤 쩡하니 익은 동치미국을 좋아하고 얼얼한 댕추가루를 좋아하고

싱싱한 산꿩의 고기를 좋아하고

그리고 담배 내음새 탄수 내음새 또 수육을 삶는 육수국 내음새 자욱한

더북한 샷방 쩔쩔 끓는 아르궅을 좋아하는 이것은 무엇인가

이 조용한 마을과 이 마을의 의젓한 사람들과 살뜰하니 친한 것은 무엇인가

이 그지없이 고담(枯淡)하고 소박(素朴)한 것은 무엇인가

– 백석 〈국수〉

이 학생은 국어시간에 배운 시인 백석의 시 〈국수〉를 활용해서 다음 처럼 말했습니다.

C수험생: 저는 세계화 현상이 가져다준 경제력 향상, 선진국의 문화 전파 덕분에 전 지구적인 기아와 질병같이 부족한 면을 해결했다고 생각하지만 그 모순도 만만찮다고 생각합니다.(결론) 얼마 전 뉴스를 보니까 모 대기업이 미얀마에 반도체 공장을 세워 그 나라의 가난한 경제에 큰 도움을 주고 있다고 하는데 이런 일들은 자본주의 확대가 큰 원인이 된 세계화 현상이 주는 장점입니다. 그러나(반대 견해를 가져옴) 세계화 현상이 기준 없이 무분별하게 확대되면 지역의 고유한 현상들이 사라질 수도 있다고 생각합니다. 학교 국어수업 시간에 배운 백석 시인의 〈국수〉라는 시에 보면 가난하지만 소박하고 정겨운 산

⋮

골 마을에서 음식을 함께 나눠 먹는 공동체의 모습을 보여주는데, 그 마을에는 경제적인 풍요로움이 없어도 사람들은 행복하게 살아갑니다. 그러므로 우리의 것, 즉 지역적이고 고유한 것들을 중심한 상태에서 '세계화 흐름'에 동참해야 하지 않을까요.(뉴스와 수업에서 배운 사례를 언급, T.O) 그러므로 세계화 현상은 시대의 흐름이라고 하더라도 지역적인 고유성과 따뜻한 인간애가 역시 중요하며, 오히려 그 지역적인 고유성과 인간애가 세계화로 인한 모순을 치유할 수 있는 방법이라고 생각합니다.(정리)

📖 정보와 지식을 서로 연결하는 능력이 곧 실력

C수험생의 답변을 들은 면접관 한 명이 "괜찮은 대답인데, 학생은 말을 잘하네"라고 말을 해주었다고 합니다. 이처럼 어떤 질문이 나오더라도 자신의 경험이나 교과서나 참고서, 책에서 읽은 어떤 자료를 연결한다면 훌륭한 답변을 할 수 있습니다. 기존에 알고 있는 정보를 순간적 종합해서 말하는 능력이 곧 실력인 것입니다. 고대 철학자 아리스토텔레스도 '창의력은 곧 연결'이라고 얘기했습니다.

최근에 모 대학교 이공계 면접에서 '한국의 원자력발전소는 앞으로 어떻게 운영하면 좋겠는가?'라는 질문이 나왔다고 합니다. 지인이 서울대학교 원자력공학과 조교수로 있어 다른 대학 면접에서 이 질문이 또 나온다면 어떻게 대답하면 좋을지를 물어보았습니다. 지인이 대답하길, "형, 나도 이 분야 박사지만 아직도 연구원들끼리 머리를 맞대고 끊임없이 논쟁을 벌이면서 공부하고 있는데, 고등학생들이 원자력발전에 대해 뭐 거창하고 대단한 답변을 할 수 있겠어요? 요즘 국가차원에서 발전소를 없애니 마니 논란도 많은데, 그냥 학생들의 참신한 의견이나 한번 들어보려는 거죠"라고 말해주었습니다.

이 말의 의미가 뭘까요? 면접관들은 전공과 관련된 시사 질문을 통해 수험생의 논리적인 생각이나 의사소통 능력을 확인하고 싶은 것이지, 객관적인 '정답'이나 전문적인 지식의 유무를 확인하고자 함이 아니라는 뜻입니다.

답변을 풍부하게 이끄는
대립구도의 원리

비트코인과 같은 가상화폐 거래를 두고서 유시민 작가는 '신기루', 즉 허황된 꿈을 쫓는 일시적인 광풍으로 언젠가 사라질 시스템으로 이야기합니다. 이와는 반대로 카이스트의 정재승 박사는 가상화폐를 암호계의 꿀벌과 같은 유익한 존재이며 장차 경제생태계의 '신세계'와 같은 역할을 할 것이라고 말합니다. 과연 누구의 말이 옳은 걸까요? 사람들은 동일한 현상을 바라볼 때도 정반대의 시각으로 바라보는 경우가 많습니다. 아마도 평가하는 기준이나 관점이 다르기 때문이겠지요.

지원한 학과나 전공과 관한 시사형 질문을 받았을 때, '대립구도의 사고방식'을 활용한다면 풍부한 답변이 가능합니다. '대립구도의 사고방식'은 나와 반대되는 견해를 버리지 않고 나의 답변에 활용하기 때문입니다. 그 결과 반론-재반론의 구도로 답변을 이끌어갈 수 있습니다. '대립구도의 사고방식'은 이 책 2교시 전체를 관통하는 사고방식이자 답변요령이므로, 언제든 자연스럽게 활용할 수 있을 정도로 '내 것'으로 만드는 것이 좋습니다.

📖 생각의 영역을 확장하는 대립구도

언어철학자 소쉬르는 다음과 같이 말했습니다. "대상이 관점을 선행하기는커녕, 관점이 대상을 만들어내는 같은 인상이다. 더구나 문제의 현상을 고찰하는 이 여러 가지 방식 중, 어느 것이 나머지에 비해 선행하거나 우월하다고 예견할 수 있는 근거는 전혀 없다. 또한 어떠한 방식을 채택하든지 간에 언어현상은 언제나 두 가지 면을 보여주는데, 이 둘은 서로 상응하며 상대편 존재에 의해서만 각자의 가치가 있게 된다."

소쉬르의 말에 따르면 언어현상은 두 가지 면을 보여주고 각자의 면은 '상대의 존재'에 의해서만 가치를 지닌 존재가 된다고 합니다. 그러므로 말로 진행하는 면접시험에서도 이 대립구도의 형식을 활용하여 풍부한 답변을 할 수 있습니다. 특히 세계나 사회, 개인의 갈등을 주제로 삼는 시사질문이 나왔을 때는 순간적으로 '반대편의 존재'를 떠올리면 답변의 실마리를 얻는 것이지요.

예를 들어 보겠습니다. 경제학부를 지원한 수험생에게 면접관이 "아디다스나 나이키 같은 세계적인 기업이 동남아시아의 가난한 아동들을 싼 임금에 고용해서 스포츠제품을 생산하는 것에 대해 어떻게 생각하나?"라고 물어보았다고 합시다. 이런 종류의 질문을 받으면 뭔가 대단한 말을 하기 위해 끙끙대지 말고 일단 공장 한구석에 덩그러니 앉아서 월드컵용 축구공을 손으로 꿰매고 있는 여자 아이와 같은 구체적인 이미지를 떠올려봅시다. 어떤 문제든 '구체적인 이미지'를 떠올리면 답변의 실마리를 찾을 수 있습니다.

이때, 수험생 대부분은 그런 대기업의 경제활동이 '착취'이자 '부당'한 행위라는 생각은 쉽게 할 것입니다. 그러나 사고의 범위가 여기에 머물러서는 안 됩니다. 대립구도의 관점에서 보면 모든 현상은 부정과 긍정의 양쪽 측면이 공존하기 때문입니다. 그러므로 긍정과 부정의 두 가지 관점으로 생각의 영역을 확장할 수 있습니다. 아마 동남아나 제3세계의 빈곤층 아동들은 하루 종일 쓰레기 더미를 뒤져서 끼니를 해결하거나 산에서 땔감을 주워 팔아 하루하루를 버티는 경우도 많습니다. 오히려 나이키, 아디다스와 같은 대기업의 공장에서 일하는 것이 싼 임금일지라도 정기적으로 받을 수 있기 때문에 삶을 유지하는 데 도움이 될지도 모르죠.

생각이 여기까지 미쳤다면 이 문제의 해결방법에 대해서도 잠깐 고민해봅시다. 아무리 생활이 궁핍하더라도 아동들이 수작업으로 축구공을 만들어 생계를 유지하는 현실은 쉽게 수긍하기 어렵습니다. 그렇다면 위의 대기업들이 아이들의 노동력을 사용할 때는 일정시간 이상 일을 못하게 제도를 마련하거나, 공장 주변에 학교나 병원과 같은 기반시설을 의무적으로 세우게 하면 어떨까요? 아이들이 돈도 벌면서 교육과 생계유지, 건강관리도 도움을 받을 수 있지 않을까요? 이 내용이 딱 하나만 존재하는 정답이 아니라는 것을 다시 강조합니다. 핵심은 논리를 바탕으로 하고 '대립구도'를 활용해서 풍부한 답변을 시도해보라는 점입니다.

📖 반론–재반론의 구도를 활용해보라

자신이 주장할 견해에 대한 반론을 미리 고려하는 것도 일종의 '대립 구도'를 활용한 답변입니다. 2016년 국민대학교 인문계 면접문제를 보면서 시사형 문제에 접근하고 해결하는 방법을 설명해보겠습니다.

> **면접관:** 최근 역사 드라마가 역사적 사실을 작가 나름대로 해석하여 진실을 호도한다는 비판이 있고, 반면에 문학적 창의성 차원에서 무방하다고 옹호하는 견해도 있다. 이에 대한 본인의 의견을 말해보라.

이 질문에서 대립구도는 쉽게 확인됩니다. 그것은 역사를 다룬 드라마가 '진실을 호도하느냐' 아니면 '창의적인 문학으로 볼 것이냐'의 대결(대립)입니다. 이때 중요한 점은 답변의 풍부함을 위해 내 의견과 반대되는 상대방의 의견을 버리지 말고 가져와서 고려하라는 것입니다. 상대방의 의견을 고려한다는 것은 내 주장에 대한 '예상된 반론을 미리 가져오는 것'을 말합니다. (반론) 그런 다음, 그 반론을 간략하게 비판하면서 자신의 원래 주장을 강화합니다. (재반론)

이 질문에 대답할 때도 '역사'라는 추상적인 단어에 함몰되지 말고 문제 상황에 대한 구체적인 이미지를 떠올리는 것이 좋습니다. 예를 들면 배우 최민식이 주연한 〈명량〉의 한 장면을 떠올린다든지, 과거에 우연히 본 적 있는 사극 드라마의 한 장면이나 국사 시간에 선생님으로부터 들었던 이야기를 떠올려도 좋습니다. 만약 영화 〈명량〉에서 이순신 장군을 배신하고 야밤에 몰래 도주한 장수로 묘사된 장수 '배설'의 후손들이 제작사를 상대로 명예훼손 소송을 제기한 뉴스를 보았다면, 이 또한 더없이 좋은 답변 자료가 됩니다.

이 책에서 거듭 강조하지만, 이런 질문 유형은 정답에 가까운 답변이라는 것이 본래 없습니다. 면접관은 논리적으로 자신의 견해를 펼치는 수험생의 모습을 보고 싶을 뿐이니까요. 이때 반론-재반론의 구조를 잘 활용한다면 문제에 대한 '답변의 범위' 또한 확장할 수 있습니다. 나의 면접 특강을 들었던 어떤 남학생은 국민대학교 면접에서 위 문제를 두고 다음과 같이 말했다고 합니다. 물론 이 학생은 학생부종합전형으로 국민대학교에 최초합격을 했습니다.

수험생: 저는 문학적 창의성 차원에서 무방하다고 생각합니다.(결론) 왜냐하면 작가가 사극 드라마를 통해 역사사건에 대해 다루기 때문에 사람들이 관심을 갖는 경우가 많기 때문입니다. 저 같은 경우도 이순신 장군을 주제로 한 영화 〈명량〉이나 배우 송강호가 주연한 〈변호인〉을 보고서 우리나라의 현대사에 더 관심을 가지게 되었습니다. 이런 역사를 다룬 영화나 드라마는 우리나라의 역사에 더 많은 관심을 가지게 하는 매개가 될 수 있다고 생각합니다.

(반론의 제기) 물론 그 작품들이 100% 역사적 진실만을 다루지는 않습니다. 영화나 드라마가 역사를 왜곡하는 측면이 있다는 점도 어느 정도 사실이긴 합니다. 영화 〈명량〉에서 야밤에 도주하다가 죽은 장수 배설의 이야기는 그 후손들이 주장하는 바에 의하면 전혀 사실이 아니며 조상의 명예를 훼손했다고 제작사를 상대로 소송까지 했다고 합니다.

그러나 (재반론을 시작) 역사의 진실여부는 학교의 국사수업이나 교과서, 다큐멘터리 같은 것을 통해 충분히 검토해볼 수 있지 않을까요? 영화나 드라마는 본질적으로 재미나 시청률을 목적으로 하기 때문에 작가의 상상력이 들어있는 것으로 인정해야 할 것입니다. 또한 역사적 사건이나 인물을 왜곡하는 부분에 대해서는 제작자가 미리 대중들이나 관계자들에게 양해를 구하면 될 거라 생각합니다.

📖 세상에 대한 자신의 생각을 대립구도로 풀어가라

면접관이 시사이슈에 관한 문제를 물어보면 이 문제에는 일단 '정답이 없다'는 사실을 기억해야 합니다. 면접관들은 수험생의 논리적이고 일관성 있는 답변 태도를 보고 싶은 것이지 학자들이 알만한 지식이 있는지의 여부를 체크하려는 것이 아닙니다. 낮이 있으면 밤도 존재하고 양이 있으면 음이 있으며, 선이 존재하면 악도 존재하듯 세상의 모든 문제 상황도 양면으로 파악할 수 있습니다. 또한 문제 상황을 해결하는 방법도 딱 하나만 존재하는 것은 아닙니다.

면접에서 시사와 관련된 질문을 받았다면 자신의 생각과 반대되는 반론도 고려한다든지, 문제의 겉에서 드러난 현상 이면에 있는 본질과 원인을 끄집어낸다든지 하는 대립구도의 사고로 접근하면 논리적이면서도 다각도적인 답변을 할 수 있습니다.

2교시에서 '결론-근거-사례 및 T.O-정리'의 답변의 틀을 잘 익혀둬야 하는 것처럼 3교시에서는 시사이슈나 전공적합성을 묻는 문제, 제시문을 주고 묻는 문제에 답변하기 위해 '대립구도'의 사고방식을 잘 활용해야 합니다.

근대와 탈근대간의 대립구도를 기억하라

일본의 저명한 글쓰기 코치인 히구치 유이치는 《통합논술, 이렇게 써라》에서 근대(modern)와 탈근대(post-modern)의 대립이 통합논술의 큰 흐름 중에 하나라고 이야기합니다. 저자는 책에서 오늘날의 많은 문제가 근대와 탈근대의 대립에서 발생한다고 말하면서 그것들을 나누는 지표, 즉 기준들을 제시합니다.

근대는 15세기 이래 지속적으로 이루어진 르네상스의 문화, 예술 변화와 스콜라 철학의 붕괴에 따른 새로운 철학적 조류, 수학적 세계관에 따른 산업혁명과 과학·기술혁명 등의 변화가 동시대적으로 일어나면서 초래된, 이제껏 보지 못했던 총체적인 변화를 담고 있습니다.

한편, 탈근대는 근대의 핵심 사유에 대한 비판, 이성중심주의에 대한 비판, 고전물리학과 과학·기술주의, 민족국가중심주의와 자본주의에 대한 비판과 그 역기능을 성찰하고 보완하려는 한 시대의 이념으로 모더니즘의 연속이면서 부정입니다.

구술면접 또한 말로 하는 일종의 논술이라고 생각한다면 히구치 유이치가 제시한 '근대와 탈근대간의 대립구도'를 기억해두는 것도 시사이슈를 묻는 전공적합성 질문이나 제시문을 주는 면접에서 문제의 대립구도를 효율적으로 파악하는 데 도움이 될 것입니다.

근대

- 이성 중시, 근대유럽의 성과를 지고(至高)의 가치로 여김
- 신이 아니라 인간에 의한 세계지배
- 과학, 민주주의, 자유주의 시장경제
- 서구 중심주의, 세계화(서구가 중심이 되어 세계를 이성으로 마름질한다), 개발 주도
- 경제적 풍요 추구

탈근대

- 인간을 비이성적인 존재로 봄
- 근대성이 초래한 문제들에 대한 비판, 환경파괴 비판, 근대적인 무기에 의한 전쟁과 대량학살 비판
- 어린이, 여성, 장애인, 노인, 비서구인의 배제 비판
- 반세계화–지역문화와 종교를 존중
- 개발 반대
- 자연보호, 인간다움, 삶의 가치, 여유 추구

〈 3장 〉
청개구리처럼
거꾸로 생각하면 쉽다 (1)

'청개구리처럼 생각한다'는 것은 무슨 의미일까요? 그건 정반대로 생각해보라는 의미입니다. 그렇다면 정반대로 생각한다는 것은 뭘까요? 그것은 추상적인 질문을 받으면 역으로 구체적인 답변을 시도하고, 반대로 구체적이면서 자세한 상황을 주고 묻는 질문은 '본질과 원인'같은 추상적인 부분을 역으로 짚어보라는 뜻입니다.

여기에다가 대립구도로 생각의 범위를 확장해서 전개한다면 훌륭한 답변이 될 것입니다. 이 장에서는 '평등이란 무엇이라 생각합니까?', '민주주의란 무엇입니까?'와 같은 답이 무궁무진한 질문을 받았을 때 어떻게 말을 하면 좋은지 연습해보도록 합니다.

📖 추상적인 질문은 거꾸로 구체적인 현상을 떠올리자

추상적인 질문이란 '행복은 무엇이라고 생각합니까?'라든지 '미(美)에 대한 본인의 생각을 한번 말해보세요'와 같은 질문입니다. 일단 이런 질문을 받으면 '정답을 물어보는 것이 아니구나'라고 생각해야 합니다. 그런 마음을 먹어야 예상치 못한 질문에도 당황하지 않습니다. '행복'과 '미'에 대한 논제는 철학자들이 동서고금을 막론하고 평생을 연구해온 주제입니다. 이런 문제를 놓고 고등학생들이 면접관 앞에서 술술 말할 수 있을까요? 대입 면접관들도 수험생들이 뭔가 거창한 내용을 말하기 힘들다는 것을 잘 알고 있습니다. 다만 학생의 수준에서 '행복'과 '미'에 대해 어떤 생각을 하고 있는지, 또 그 주제에 대한 자신의 견해를 논리적으로 말할 수 있는지가 궁금한 것이죠.

그렇다면 이와 같은 질문을 받으면 어떤 생각을 하면 답변하기가 쉬울까요? '구체적인 이미지'를 떠올리면 됩니다. '미'에 대한 철학적이고 거창한 담론을 말하려 끙끙대지 말고 '구체적인 이미지', 즉 머리에서 번개처럼 스치는 무언가를 떠올려보는 편이 빠릅니다. 예를 들어 영화 〈암살〉의 주연배우 전지현을 떠올리거나 나아가 평소에 예쁘고 아름답다고 생각하는 무언가의 이미지를 떠올리는 것이 답변에 유리하다는 것입니다. 아니면 부모님과 함께 간 등산에서 눈에 뒤덮인 북한산을 보고 '아름답다' 고 느낀 기억을 떠올려도 좋습니다. 이처럼 추상적인 질문에는 일단 구체적인 이미지를 떠올리는 것이 답변의 실마리를 찾아가는 비법입니다.

그런 다음 교과서, 참고서, EBS, 수능 문제, 생활기록부 독서활동에 기록된 책들에서 본 지식들을 한번 엮어봅시다. 아마 세계사 시간에 교과서 귀퉁이에서 중국 당나라 때의 '양귀비'의 그림을 우연히 본 사람이 있을 것입니다. 그 초상화 속의 '양귀비'의 모습은 오늘날의 패션모델들과는 달리 날씬한 몸매의 소유자가 아니라 아마 좀 '통통'한 편이었을 것입니다. 이 기억도 답변의 근거로 얼마든지 활용할 수 있습니다.

📖 대립구도로 생각하라

답변을 이끌어내기 위한 사고방식이 외부적인 것, 즉 눈으로 보이는 시각적인 영역에 멈춰서는 안 됩니다. 이 질문에 대립구도의 사고방식을 한번 적용해보는 것입니다. 앞에서 영화배우 전지현, 중국 당나라 때의 양귀비의 예를 든 이유는 사람들이 보통 미(美)에 대해 말할 때면 먼저 머릿속에서 외모적으로 아름다운 무언가를 쉽게 떠올리기 때문입니다.

그렇다면 '미'라는 것이 꼭 외모의 아름다움만 이야기하는 것일까요? 예를 들어봅시다. 어느 학생이 일부러 장애인 친구와 '짝'이 되어 고등학교 3년 동안 등하교 휠체어 이동을 도와주었다면, 이 스토리는 '아름답다'고 말할 수 있는 내용일까요? 또, 암으로 죽은 이태석 신부가 의과대학을 졸업하고도 안정된 의사의 길을 가지 않고 아프리카의 난민들을 위해 평생을 바친 사실은 아름다운 것인가요, 아닌가요?

　　다음 자료는 지금은 고인이 된 이태석 신부에 관한 네이버의 두산백과 자료를 발췌한 것입니다. 이 내용을 읽어보고 그의 삶이 '아름다운 것인지' 아닌지 한번 생각해보시길 바랍니다.

　　(중략) 아프리카에서도 가장 오지로 불리는 수단의 남부 톤즈는 오랫동안 수단의 내전(內戰)으로 폐허가 된 지역이며 주민들은 살길을 찾아 흩어져 황폐화된 지역이었다. 이태석 신부는 이곳에서 가톨릭 선교활동을 펼쳤으며 말라리아와 콜레라로 죽어가는 주민들과 나병환자들을 치료하기 위해 흙담과 짚풀로 지붕을 엮어 병원을 세웠다. 또한 병원까지 찾아오지 못하는 주민들을 위해 척박한 오지마을을 순회하며 진료를 하였다. 그의 병원이 점차 알려지게 되면서 많은 환자가 모여들었고 원주민들과 함께 벽돌을 만들어 병원건물을 확장하였다.

　　오염된 톤즈 강물을 마시고 콜레라가 매번 발병하자 톤즈의 여러 곳에 우물을 파서 식수난을 해결하기도 하였다. 하루 한 끼를 겨우 먹는 열악한 생활을 개선하기 위해 농경지를 일구기 시작했으며 학교를 세워 원주민 계몽에 나섰다. 처음 초등교육으로 시작한 학교는 점차 중학교와 고등학교 과정을 차례로 개설하였고 톤즈에 부지를 마련하여 학교 건물도 신축하기 시작했다. 그는 음악을 좋아했으며 전쟁으로 상처받은 원주민을 치료하는 데 음악이 가장 좋은 효과가 있다는 사실을 알게았다. 치료의 목적으로 음악을 가르쳤으며 학생들을 선발하여 브라

스밴드(brass band)를 구성하였다. 그의 밴드는 수단 남부에서 유명세를 탔으며 정부행사에도 초청되기도 했다. 2005년 그의 헌신적인 공로가 인정되어 제7회 인제인성대상을 수상했다. (중략)

— 네이버 지식백과에서 발췌

'미'를 외부적으로만 평가하지 않는다면 장애인 친구를 도운 학생이나 이태석 신부의 행동은 그 자체로 아름다운(미적인)것입니다. 즉, 사물이나 현상을 바라볼 때 대립구도의 관점에서 '외적(외면)'인 부분만 평가하는 것이 아니라 '내적(내면)'인 부분까지도 고려한다면 풍부한 답변을 할 수 있는 것입니다. 주제나 현상에 대해 '대립구도로 양면을 모두 고려한다!' 이 말을 반드시 기억하시길 바랍니다.

📖 이제 답변해보자

실제로 '미(美)에 대한 자신의 생각을 한번 말해보세요'라는 질문은 몇 년 전 서울의 모 대학 철학과에 지원한 수험생들에게 어느 교수님이 던진 질문입니다. 제 특강을 몇 번 들은 어떤 학생이 그 질문을 듣고는 순발력을 발휘해서 다음처럼 이야기했다고 합니다. 실제 그 학생이 면접시험을 마치고 기억을 되살려 답변한 내용을 그대로 받아 적었습니다.

수험생: 저는 시대나 관점에 따라 달라질 수 있는 상대적인 것이라고 생각합니다.(결론) 이것은 미 또한 절대적인 개념이 아니라는 것에서 출발합니다. 그런데 세계사 시간에 당나라 시대의 양귀비를 그린 그림을 보면 정말 양귀비가 사람들이 말하는 절세미인인가 하는 의문이 듭니다. 여러 번 자세히 교과서의 사진을 봐도 그렇습니다.(면접관들 웃음) 물론 실제 사진은 아니겠지만 특징은 모두 그림에 담았다는 전제로 봐도 오늘날의 패션모델들과는 다르게 살집이 많고 통통한 몸매로 묘사되어 있습니다. 이를 바탕으로 볼 때 오래전 중국의 당나라 시대는 '미인'이라고 생각하는 기준이 오늘날과 달랐다는 결론을 내보았습니다. 그러므로 시대나 환경에 따라 미의 관점은 언제든지 바뀔 수 있다고 생각합니다.

그런데 미라는 관념을 꼭 외적인 부분에 국한해서 생각할 필요는 없다고 생각합니다.(결론: 대립구도 적용) 제 학교 친구 중에 2년 동안 간질을 앓는 장애우에게 일부로 짝이 되어 도와준 친구가 있습니다. 그 친구는 장애우가 갑자기 발작을 일으키거나 소리를 질러도 당황하지 않고 묵묵히 참고 도와주었습니다. 저는 그 모습을 계속 지켜봤는데 어느 순간 그 행동들이 '아름답다'라는 생각이 들었습니다. 이 경험을 통해 미라

⋮

147

는 것이 꼭 외적인 아름다움에 국한되는 것이 아니라, 우리의
삶과 생활 속에서도 얼마든지 발견할 수 있는 부분이 아닐까
생각했습니다.

📖 구체적인 사례의 이미지를 떠올리고, 대립구도로 말하라

수험생은 추상적인 질문을 받으면 당황하기 쉽습니다. 왜냐하면 질문의 범위가 구체적으로 정해지지 않았기 때문에 무엇을, 어디서부터, 어떻게 말할지 막막하기 때문이죠. 그럴 경우에도 당황하지 말고 질문에 해당하는 구체적인 사건이나 인물의 '이미지'를 차분히 떠올려보는 것이 비법입니다. 그런 다음, 풍부한 답변을 위해 '대립구도'의 사고방식으로 내 주장의 반대에 있는 관점도 끌어들입니다.

그 다음에는 어떻게 말하라 했나요? 맞습니다. 질문과 관계있는 사례나 스토리를 가져오거나 수업 중에 배웠던 지식과 각종 정보를 결합해서 말하면 됩니다. 만약 평소에 작성해둔 독서요약노트가 있다면, 그 기록 또한 더없이 훌륭한 답변 재료가 될 것입니다.

청개구리처럼
거꾸로 생각하면 쉽다 (2)

앞에서 우리는 추상적인 질문을 받으면 '청개구리처럼' 거꾸로 생각해서 구체적인 이미지를 떠올리는 청개구리 사고법에 대해 배웠습니다. 이제 반대로 한번 생각해봅시다. 면접관이 대한민국 사회에서 발생하는 '구체적인 이슈'를 물어보면 어떻게 답변하면 좋을까요? 예를 들어 "요즘 청소년들이 상품을 구매할 때, 제품의 질보다는 메이커나 상표를 보고 구매하는 것을 선호하던데 이러한 현상에 대해 본인의 생각을 한번 이야기해볼래요?"와 같은 질문이 바로 그것입니다

확실히 이 질문은 〈청개구리처럼 뒤집어 생각해보라(1)〉에서 다루었던 질문 '미(美)란 무엇이라고 생각합니까?'라는 질문과는 반대로 '구체적인 사회 현상'을 제시하고 있습니다. 이 질문에 대한 대답에도 '역발상'이 필요합니다. 어떻게요? 눈치챘습니까? 즉, 질문에서 구체적인 현상을 물어보았으니 이젠 또 반대로 문제 상황의 '본질과 원인'과 같은 추상적인 부분을 언급하겠다고 생각하는 것입니다. 그런 다음 대립구도의 사고방식으로 답변을 풍부하게 이끌어가면 됩니다.

📖 머릿속에서 상황의 원인(본질)을 찾아라

우선, 구체적인 사회현상을 묻는 질문은 문제의 길이 자체가 긴 편이라서 어려워보여도 절대 그렇지 않습니다. 첫째, 내가 예측하지 못했다면 다른 경쟁자 역시 이 질문을 예상치 못했을 가능성이 높고, 둘째, 이런 질문 또한 수학문제처럼 단 하나의 답이 있는 것이 아니기 때문입니다.

청소년들이 브랜드나 메이커 상품을 선호하는 원인은 다양할 것입니다. 대학에서는 '청소년들의 소비 심리'에 대한 연구를 평생 하는 소비자학과 교수들도 있는데, 고등학생들이 '청소년들이 메이커상품을 선호하는 현상'에 대해 척척 말하기가 쉽겠습니까? 아니면, 이런 질문을 면접 전에 미리 예상해서 '청소년 소비심리'에 관한 소비자학 개론서나 광고 마케팅에 관한 논문을 구해다 읽어야 합니까? 프랑스 철학자 장보드리야드의 《소비의 시대》라는 책을 공부하고, 그 철학자가 강조하는 시뮬라르크나 시뮬라시옹, 하이퍼리얼과 같은 개념들을 외워둬야 합니까? 이미 그 개념들을 알고 있다면 모르겠지만 면접시험을 위해 굳이 그 개념들을 외울 필요까진 없는 것이죠. 이미 알고 있는 지식들과 자신이 겪은 스토리를 엮어 논리적으로 견해를 피력하면 됩니다.

이 경우에도 역시 청개구리 '역발상'이 필요합니다. 면접관이 '구체적인 현상'에 대해 물어보면 뒤집어 그 현상이나 사례, 사건의 '본질'이나 '원인'이라는 추상적인 영역으로 들어가보라는 것입니다. 이때, 그 본질과 원인을 근거로 한 가지만 이야기하지 말고 첫째, 둘째~라는 말을 활용해서

3가지 이내의 근거를 들어 답을 하면 더 좋습니다.

실제 이 질문은 몇 년 전 이화여자대학교 면접에서 출제되었던 내용입니다. 제 특강을 들었던 이 여학생은 부모의 등골을 휘게 할 정도로 비싸다는 뜻으로 '등골브레이커'라고 불리면서 사회적 문제가 되었던 고가 패딩 기사나 '나이키'나 '아디다스'와 같은 신발 메이커, 우연히 잡지에서 본, 소방서에서 쓰다 남은 방재용 천을 재활용한 '프라이탁'이라는 가방 제품과, 신발 하나를 팔면 동일한 신발 하나를 아프리카에 기부하는 신발 '탐스'이야기를 먼저 떠올렸다고 합니다. 그런 다음, 학생들의 메이커 선호 현상의 본질적인 이유로 '개인보다 집단에의 동조', '이미지화된 상품', '개인의 자아 성찰 부족' 등을 생각해냅니다.

"와! 선생님 어떻게 그런 사례들을 순간적으로 생각해내요?"하는 의문이 들것입니다. 그러나 '추상적인 질문을 받으면, 먼저 그 현상에 대한 구체적인 사례나 이미지를 떠올린다'고 애초부터 마음먹고 있으면 됩니다. 그런 다음, 그 문제의 본질과 원인을 함께 생각하고 '대립구도'의 틀로 나와 반대편의 영역에 있는 자료들도 곰곰이 생각해보는 것입니다.

📖 그런 다음, 대립구도로 사고의 범위를 확장하자

음이 있으면 양이 있고 남자가 있으면 여자가 존재하며, 낮과 밤이 다르고, 여름이 지나가면 겨울이 오듯이, 주변에서 일어나는 다양한 사회적 문제들도 대립(대결)구도를 형성하고 있습니다. 만약 그 현상에 외부적인 원인이 있다면 정신적이거나 내부적인 원인도 함께 존재한다는 뜻입니다. 나아가 어떤 현상이나 사건이 장점을 가지고 있다면 단점 또한 같이 존재할 수 있습니다. 대립적이고 양면적인 사고방식을 가진다면 동일한 질문에 대해서도 남보다 풍부한 '답변'을 하기가 쉬운 것이지요. 면접관이 다음과 같은 질문을 했다고 가정해봅시다.

> **면접관:** 요즘 SNS나 인터넷 채팅에서 남자친구를 '남친'으로, 슬픔, 후회의 감정을 'ㅠㅠ', '혼술', '혼밥', '열공'과 같은 단어 축약, 생략현상이 확대되고 있는데 이점에 대해서 어떻게 생각하는지 한번 말해보세요.

일단 이 질문은 구체적인 상황을 제시해주고 있습니다. 이때 어떻게 해야 한다고요? 맞습니다. '질문과 관련된 구체적인 이미지'를 떠올리는 것입니다. 예를 들어, 어떤 여학생이 공부 중에 독서실에서 친구와 카톡을 하는 장면을 순간 떠올려봅니다. 그런 다음, 구체적인 현상에 대해 질문했으므로 이 현상의 '본질과 원인'에 대해서도 고민해봅니다. 이때 '대립구도'를 적용해서 외적(외부적·표면적), 내적(내면적)으로 나눠 생각해보면 훨씬 쉬울 것입니다. 외적으로 볼 때, 현대인의 바쁜 삶으로 인한 '언어파

괴'가 외부적으로 나타난 문제의 본질이라고 가정한다면 내적으로는 SNS 상에서 '축약한 단어'를 사용해서라도 '인간관계'를 유지하고 싶은 각박한 삶을 사는 현대인의 욕망일 수도 있습니다. 여기에다 이 상황에 맞는 '사례'를 추가하고 자신의 생각을 곁들인다면 1분 이내에도 풍부한 답변을 할 수 있습니다.

저의 고등학교 특강을 들었던 인천의 한 여학생은 "요즘 청소년들이 상품을 구매할 때, 제품의 질보다는 메이커나 상표를 보고 구입하는 것을 많이 선호하던데 이러한 현상에 대해 자신의 생각을 한번 이야기해보세요"라는 질문에 다음과 같이 답했다고 합니다.

수험생: 요즘 청소년들이 메이커, 즉 유명 상표 물건들을 좋아하는 이유는 외부적인 요인과 내면적인 요인으로 나누어 생각할 수 있습니다. 외부적인 요인의 관점으로 볼 때 첫째, '집단동조' 현상 때문이라고 생각합니다. 그 메이커 상품을 입지 않으면 어떤 친구들의 무리에 낄 수 없다거나, 학교에서 소위 유행의 흐름에서 뒤떨어질 수 있다는 생각을 할 수 있기 때문입니다. 둘째, 인터넷이나 티비를 통한 매체광고가 마치 그 상품을 사용하면, 그 광고의 모델처럼 될 수 있을 듯한 인상을 심어주기 때문이라고 생각합니다. 저도 가끔씩 유명 아이돌이 나와 화장품 광고를 하는 모습을 보면 '나도 대학생이 되어 광고처럼 화장을 하면 충분히 예뻐보일 수 있을 거야'하는 자신감이

확 들기도 합니다.(면접관들 웃음)

그러나 '신발'을 사는 게 아니라 '나이키'나 '아디다스'를 사는 이 메이커 선호현상은 <u>내면적인 문제로(정신적인 문제로)</u> 생각해보면 학생들이 목표가 없거나 과도한 입시경쟁 때문에 스스로를 돌아보는 시간이 부족해서 나타난 예일 수도 있습니다. 메이커 상품을 사용함으로써 일시적인 심리적 만족을 잠깐이라도 누려보려는 것이 아닐까요? 그러므로 생각해 볼 때, 청소년들이 입시에 쫓겨 바쁜 일상을 보낸다고 할지라도 매일 조금이라도 시간을 내어 자신을 성찰하고 돌아보는 시간들이 필요하다고 생각합니다.

📖 구체적인 상황을 주면 본질적인 이유와 원인도 함께 생각하라

정리해봅시다. 우선 면접관의 질문이 구체적인 상황이나 사건, 현상을 주는 질문이라면 반대로 그 상황의 '본질이나 원인'같은 추상적인 부분을 짚어보아야겠다고 마음먹습니다. 그런 다음 질문과 관련된 '이미지'를 떠올리고, 대립구도를 적용해서 이야기한다면 면접관들이 만족할 만한 답변을 할 수 있을 것입니다.

위 대답을 하고 나온 학생의 묘사에 의하면 이 대답을 하는 내내 이화여대 교수님들이 머리를 끄덕이셨다고 합니다. 위와 같은 답변은 이 여학생만이 유일하게 할 수 있는 답변인가요? 아닙니다. 이 책을 읽고 있는 여러분도 약간만 연습한다면 얼마든지 말할 수 있는 내용이죠. 답변의 자료는 어디에 있습니까? 전문서적을 도서관에서 빌려볼 필요도 없는 것이죠.

대한민국 입시를 총괄하는 교육부에서도 논술에 이어 구술, 면접고사도 고교 수준을 넘어선 교과지식을 평가하면 해당 대학에 대해 모집정지 등의 제재를 가하기로 결정을 한 상태입니다. 사교육을 유발할 수 있는 선행학습을 막고 정상적인 교육과정을 통해서 얼마든지 대학입시를 준비할 수 있도록 하자는 취지겠지요. 그러므로 대입 면접의 질문 내용도 그 취지의 범위 내에서 출제될 수밖에 없습니다. 괜히 도서관에서 어려운 책들을 뒤져가며 이슈를 묻는 면접을 준비할 필요가 없다는 뜻입니다.

〈 5장 〉
최근 사회이슈를 물어봐도
거침없이 대답하라

예를 들어, 심리학과나 경찰 관련학과를 지원한 어느 수험생이 "최근 우리 사회에서 종종 나타나는 증오범죄나 '묻지마 살인'에 대해 자신의 생각을 말해보세요"라는 질문을 받았다고 합시다. 면접관이 이런 질문을 하는 이유는 무엇일까요? 프로파일링을 하는 범죄심리학자의 전문지식 정도를 아는지 확인하기 위해서일까요? 전혀 그렇지 않습니다. 면접관들은 수험생들의 바쁜 생활패턴을 잘 아는 사람들입니다. 따라서 수험생들이 관련 분야의 전문적인 지식을 따로 습득할 시간이 부족하다는 것도 압니다.

그렇다면 면접관들이 이런 문제(전공적합성 문제라고 부르기도 한다)를 물어봄으로써 수험생에게 체크하고 싶은 부분은 무엇일까요? 그건 바로 지원자의 논리적인 사고방식과 지원한 전공에 대한 기초적인 소양과 관심여부입니다. 그러므로 수험생들은 이슈에 관한 질문을 받았을 때 구체적인 사례와 이미지를 떠올려 생각하고 대립구도를 바탕으로 문제점의 본질과 원인, 해결방법 등을 제시하면 됩니다.

📖 구체적인 사례로 근거를 대라

면접관들은 지원자에게 유창한 지식을 소유한 답변을 요구하는 것이 아닙니다. 그들은 지원자가 '논리적으로, 구체적으로' 자신의 견해를 말하면서 소통할 수 있는지를 파악하고 싶습니다. 원래 말이란 자신의 스타일대로 하는 것입니다. 달변가처럼 언변이 화려할 수도 있고 또 다른 누군가는 조곤조곤 말하는 스타일을 가지고 있겠죠. 면접에서 '옳다'고 정해진 것은 없습니다. 그러나 말하는 스타일은 제각각이더라도 '논리'는 발언 속에 묻어 있어야 합니다. 왜냐하면 말의 '논리성'은 '의사소통'과 직결되기 때문입니다. 묻는 말의 핵심적인 부분에 대해 먼저 대답하지 못한다거나(결론, 주장부터 말하기) 질문의 요지에 대해 핵심은 이야기해도 근거를 들어 충분히 설명하지 못한다면, 대화의 상대방은 답답함을 느끼고 대화주제에 대해 또 물어볼 것입니다. 소통이 잘 이루어지지 않는다는 뜻이겠지요.

다음은 2016년 서울시립대학교 인문계열 면접에서 있었던 대화내용입니다.

질문: CCTV 확대 설치에 찬성하는가? 반대하는가?

학생: 찬성합니다. 사람들이 CCTV를 의식하게 되기 때문에 범죄를 줄일 수 있고 여자들이 밤에 집에 갈 때 안심되기 때문입니다.(끝)

교수: 그러면 젊은 연인들이 길거리에서 애정행각을 한다든가 다른 사람들한테 보여주기 싫은 모습이 노출될 수도 있어서 사생활 침해를 받을 수 있는데 그건 어떻게 막을 건가요?(추가 질문)

학생: 촬영 영상에 대한 권한을 제한하고 영상이 필요할 때만 쓰면 사생활 침해를 줄일 수 있을 거라 생각합니다.

교수: 대답이 너무 간단하고 포괄적인데, 그러면 영상이 유출돼서 사생활이 침해됐을 때 대처할 방법을 생각해봐요.

학생: 그러면 CCTV를 유출한 사람에 대한 처벌을 강화했으면 좋겠습니다.

위의 대화에서 교수는 학생의 답변이 '너무 간단하고 포괄적'이라고 토로합니다. 그 이유는 수험생이 결론과 근거를 너무 짧게 말하기 때문입니다. 이에 면접관은 더 자세한 대답을 듣고자 '추가 질문'을 통해 대화를 이끌어가고 있습니다. 이런 답변을 한 수험생의 최종 결과가 좋았을 리는 없겠지요?

1교시 〈이것만 알아도 이미 절반은 합격한 거다〉에서 즉 자기소개서를 바탕으로 묻는 면접관의 질문에는 논증의 형식으로 미리 준비된 스토리를 말하는 것이 중요하다고 강조했습니다. 그런데 이 '논증으로 말하기'는 '시사이슈'를 묻거나 '제시문'의 형식으로 물어보더라도 여전히 유효합니다. 그러므로 수험생은 자소서를 바탕으로 한 질문이든, 그렇지 않든 딱 한 가지는 머릿속에 넣고 있어야 합니다. 그것은 바로 '결론을 먼저 던지고 직접적인 근거(이유)와 구체적인 사례 근거를 든 다음, 다시 핵심으로 마무리한다'는 틀입니다.

그렇다면 시사와 관련된 면접관의 질문에는 어떤 사례들을 준비해야 할까요? 상대적으로 지원자 개인에 대해 묻는 질문에 대한 사례들은 자기소개서나 학생부에서 그 내용을 찾아 떠올리기가 쉬울 텐데 말입니다. 결론부터 말하자면 전공질문과 관련한 기초개념들을 학교수업, 교과서, 참고서, EBS교재 등을 통해 숙지한다면 '별로 준비할 필요가 없다' 고 말씀드리고 싶습니다.

기억 속에 있는 자료나 이미지를 떠올려서 근거 사례로 삼으면 그만이기 때문입니다. 또한 학교 수업이나 교과서나 EBS, 수능 기출 지문, 각종 다큐멘터리 등을 통해 자료만 활용해도 근거 삼을 사례나 자료는 차고도 넘치니까요.

📖 **대립구도의 사고방식, 반론–재반론의 구도로 말하라**

시사를 묻는 질문에도 '대립구도'의 사고방식으로 생각하면 풍부한 답변이 가능합니다. 나와 반대(대립)되는 견해를 무시하지 않고 가져와서 (반론), 반론을 비판한 다음, 재반론의 형식으로 마무리하면 되지요. 위의

"CCTV 확대 설치에 찬성하는가? 아니면 반대하는가?"라는 질문을 받으면 일단 이 질문에 대해 찬성 혹은 반대라는 입장을 취해야 할 것입니다. (찬성의 입장을 취했다고 가정합니다. 물론 반대 입장을 택해도 상관없습니다.) 그런 다음 '무슨 말을 할까?' 하고 면접관들 앞에서 고민할 시간이 별로 없을 것입니다. 그렇다면 대입 면접은 우연히 CCTV에 대한 질문을 족집게로 예측하고 미리 답변을 외운 수험생만 합격하고, 그렇지 못한 학생은 최종 탈락할 수밖에 없는 시험제도인가요? 전혀 그렇지가 않다는 것입니다.

질문에서 CCTV에 대한 구체적인 상황을 주었으므로 면접의 지원자는 기억 속의 어떤 이미지를 떠올려보는 것이 좋겠습니다. 예를 들어 경기도 수원에서 한 여성을 잔인하게 토막 살해했던 '오원춘 살인사건'이나 10명 이상의 여성을 살해하고도 여전히 범인의 행방조차 모르는 '화성 연쇄살인사건'을 소재로 한 영화 〈살인의 추억〉의 한 장면을 기억해도 좋을 것입니다. 혹은 뉴스에서 염산테러로 억울하게 죽은 '태완이 사건'을 본 적 있다면 그 기억을 되살려도 괜찮습니다. 오원춘 사건 외에 위에 언급했던 나머지 사건의 범인들은 아직 검거되지 않았기 때문에, 그 살인마들은 현재에도 대한민국 안을 천연덕스럽게 돌아다니고 있을지도 모르겠습니다.

범죄 전문가들은 이구동성으로 그 범죄가 발생한 지역에 CCTV만 설치되어 있었더라도 범인을 쉽게 검거했을 거라고 합니다. 그렇다면 이 사건들을 두고 우리가 생각해볼 수 있는 '본질'은 무엇일까요? 맞습니다. 천하를 주고도 바꿀 수 없는 인간의 고귀한 '생명'에 관한 문제인 것입니다.

이제 이 사태를 대립구도로 고민해봅시다. 이 질문에서 "CCTV 확대 설치에 찬성하는가? 반대하는가?"라고 물었고 우리는 일단 '찬성'의 입장을 택했습니다. 그러나 풍부한 답변을 위해서는 나의 견해와 '반대' 입장을 내팽개쳐서는 안 됩니다. 그렇다면 CCTV설치 확대를 반대하는 입장의 주된 근거는 무엇이겠습니까? 아마도 사생활이나 인권침해가 아닐까요? 그렇다면 시민들의 일거수일투족을 감시해서 잠재적 범죄인을 잡아내는 것을 스토리로 하는 영화 〈마이너리티 리포트〉의 한 장면을 떠올려도 좋고, 나의 일상을 허락과 상관없이 누군가가 CCTV로 계속 감시하고 있는 장면도, 수능 국어 기출문제를 풀다 우연히 본 중세시대에 죄수들을 효율적으로 감시하기 위한 '판옵티콘'의 건축양식을 떠올려도 좋을 것입니다.

정리하면, 일단 위 질문에 대해 '찬성'을 택했고 이미지나 사례를 몇 개 떠올려 생명보호와 사생활침해의 대립구도의 틀에서 생각해보았습니다. 여기에다 한 가지만 더 추가합시다. 문제에 대한 대안과 해결방법까지 곁들이는 것입니다.

📖 대안, 해결방법을 곁들여 제시하자

질문내용에 대한 구체적인 이미지를 상상하고, 답변을 반론-재반론의 대립구도로 구성했다면 여기에다가 대안이나 해결방안까지 간단히 곁들여봅시다. 제 특강을 듣고 서울시립대학교에 합격한 여학생은 CCTV 설치 문제에 관해 다음처럼 말했다고 합니다. 답변내용을 샅샅이 훑어보아도 어려운 전문 지식을 활용한 흔적이 보이지 않습니다. 그래도 합격할 만한 답변으로 손색이 없습니다.

질문: CCTV 확대 설치에 찬성하는가? 반대하는가?

학생: 찬성합니다.(결론) CCTV를 의식하게 되기 때문에 범죄를 줄일 수 있고, 저 같은 여자들이 늦은 밤에 귀가할 때도 안심이 되기 때문입니다. 이것은 단순히 범죄를 줄이는 문제가 아니라 '생명보호'와 직결되는 문제라고 할 수 있습니다. 경기도 수원에서 살인마 오원춘이 무참히 살해했던 여성 피해자도 CCTV가 없는 곳에서 당했다고 합니다. 어느 누구도 범죄에서 자유로울 수 없습니다. 단 한 명의 생명을 지키기 위해서라도 CCTV 확대 설치는 필요합니다.

(반론을 가져온다) CCTV 확대 설치는 사생활 침해의 문제를 발생시키기 때문에 확대 설치에 반대하는 견해도 물론 있습니다. 근대의 판옵티콘 감옥구조처럼 누군가가 자신을 지켜보고 있다는 불신이 사회적으로 팽배해질 수도 있고, 영화 〈마이너리티 리포트〉에서 나오는 권력자들이 범죄를 예방한다는 목적으로 시민들의 일거수일투족을 감시하는 것처럼 우리

⋮

의 삶도 CCTV에 의해 감시당할 수도 있습니다.

(재반론 시작) 그러나 생명과 건강은 그 무엇과 바꿀 수 없는 가치입니다. 약간의 사생활은 침해당할지 몰라도 한 생명의 목숨은 잃으면 되돌릴 수가 없기 때문입니다. 나아가 CCTV를 통해 범죄자나 사고 원인을 쉽게 파악해서 추가피해를 막을 수도 있습니다.

(해결방안, 대안제시) 그렇다면, CCTV로 인한 사생활 침해 문제점은 일정한 시간이 지나면 CCTV자료를 엄격한 기준에 따라 폐기한다던지, 유출 시에 심각한 범죄로 간주하여 관련자나 조직을 더 엄하게 처벌하는 것을 제도화하면 괜찮을 것 같습니다.

⟨ 6장 ⟩
현상의 문제점을 물어보면
그 원인과 해결방법도 함께 짚어라

모든 문제(problem) 상황에는 그 원인도 함께 존재합니다. 예를 들면, 일본 후쿠시마 원전사고의 핵심 원인 중 하나는 자연재해였습니다. 2017년 촛불집회로 표현된 대한민국 국민들의 분노는 집권 정치세력을 교체한 핵심 원인이었고, 여러 사회적 논란과 갈등에도 불구하고 사드(THAAD)라는 미사일 방어체계를 우리나라가 들여온 원인은 북한의 안보위협 때문인 것처럼 말입니다. 이처럼 어떤 현상에 대해 누군가가 어떤 문제를 두고 치열하게 다툰다면 '동전의 양면'을 보듯 그 싸우는 원인도 함께 고려해봐야 합니다.

면접관으로부터 "우리나라가 당면한 저출산 문제에 대해 자신의 생각을 한번 말해볼래요?"와 같은 질문을 받으면 '저출산 문제'라는 단어에서 떠오르는 이미지를 함께 문제의 '원인'도 생각해봅니다. 그런 다음, 이미 알고 있는 근거나 지식을 바탕으로 해결방안을 조목조목 제시하면 됩니다. 더불어 답변하는 방법이나 원리를 익혀 자신의 의견을 전개하는 일이 중요하지 아래 답변사례의 내용을 그대로 외우거나 숙지하려고 해서는 안 될 것입니다.

📖 문제의 원인을 찾아보라

위의 '저출산 문제'에 관한 질문은 구체적인 상황을 주었으므로 그 문제의 추상적인 본질이나 원인이 무엇인지 생각해봅시다. 먼저 머릿속에 문제 상황에 대한 이미지를 그립니다. 예를 들면, 명절에 가족들이 모였는데 '둘째를 가지지 않고 한 자녀만 기르겠다'고 말하는 친척누나의 이야기를 떠올린다거나, 아이 한 명을 대학까지 졸업시키는 데 평균 2억 이상이 든다는 뉴스보도 내용도 떠올릴 수 있겠습니다. "평생 혼자 살거라고 한 번이라도 생각해본 사람은 손을 들어볼래?"라는 사회선생님의 질문에 같은 반 친구 절반 가까이가 손을 번쩍 든 모습을 본적 있다면 그 내용을 활용해도 좋을 것입니다. 혹은 우연히 본 〈나혼자산다〉라는 MBC 프로그램에서 결혼도 뒤로 한 채, 자신의 삶을 즐기며 살아가는 연예인들의 모습도 떠올려봅니다. 이른 아침부터 아이를 부랴부랴 '어린이집'에 맡기고 서둘러 출근하는 옆집 아주머니의 모습도 상상해볼 수 있겠습니다.

그런 다음 이런 사례들의 원인이나 상황을 발생시킨 본질은 무엇일까 생각해봅시다. 즉 질문에 대한 구체적인 이미지에서 출발해 문제현상의 원인까지 짚어보는 것입니다.

- 평생 한 자녀만 기르겠다는 친척(상황)—경제적 부담, 고용 불안정(원인)
- 아이 한 명을 대학까지 졸업시키는 데 2억 원 이상 든다는 사실(상황)

-경제적 부담, 고용 불안정(원인)

- 결혼하지 않고 평생 혼자 살겠다고 손든 반 친구들(상황)—자신의 삶을 즐김, 경제적 부담, 가치관의 변화(원인)
- 〈나혼자산다〉라는 MBC프로그램(상황)—결혼하지 않고 자신의 삶과 일을 즐김, 결혼연령 상승(원인)
- 어린이집에 아이를 맡기고 서둘러 직장으로 출근하는 맞벌이 가정(상황)—육아의 어려움, 경제적 부담(원인)

📖 다양하게 문제의 원인을 파악하고, 구체적인 해결방안까지 언급하라

"저출산 문제의 해결방안은 무엇인가?"라는 질문에 구체적인 이미지를 떠올리고 그 근본 원인이 무엇인지 생각하면 크게 두 가지로 나눌 수 있습니다. 외적인 면으로는 경제적 부담이나 육아의 어려움, 고용불안 등이 그 원인으로 쉽게 떠오릅니다. 대립구도의 관점으로 대상을 바라보면 그 이유를 외부적인 면에서만 국한해서 찾을 필요는 없겠지요.

그렇다면 반대로 내적인 면(정신적인 면)도 한번 고려해봅시다. 미혼자들이 '결혼하지 않아도 좋다', '혼자서 살아도 좋다'고 생각하는 부분은 시대의 변화와 흐름에 따른 혼인에 대한 '가치관의 변화'가 주된 원인일 수도 있을 테니까요.

그렇다면, '저출산 문제'의 원인에 대해 짚어보았으니 '해결방법'도 생각해봅시다. 해결방법을 말할 때의 포인트는 '다양하게, 구체적으로 말한다'는 것입니다. 어떤 문제의 발생 원인은 하나일 수도 있고, 다양할 수도 있으며 종합적일 수도 있습니다. 그러므로 해결방법도 꼭 하나만 존재하는 것은 아닙니다.

어떤 학생이 수학을 열심히 공부해도 점수가 잘 오르지 않는 문제점이 있다고 가정해봅시다. 이 학생이 약점을 극복하기 위해서는 수학문제집을 여러 권 구입해서 악착같이 풀 수도 있고, 아니면 오답노트 작성을 시도할 수도 있으며, 교과서에 있는 수학 공식들을 모두 깡그리 외워버릴 수도 있는 것이죠. 이처럼 문제의 원인이 많으면 그 해결방법 또한 다양한 것이지 딱 하나의 해답만 존재하는 것은 아닙니다. 그렇다면 위의 '저출산 문제'에 대한 다양한 원인과 해결방법을 정리해볼까요?

문제 | 경제적 부담, 고용 불안정

해결방법 | 국가는 정규직과 비정규직의 소득격차를 줄이고 대기업과 중소기업의 임금격차를 줄이는 정책적 노력, 사교육비 절감을 위해 노력, 주거안정을 위한 주택공급

문제 | 결혼보다 자신의 삶을 즐김

해결방법 | 정책자는 저출산의 이유가 결혼 후 육아의 어려움과 경제적 부담, 주거마련의 어려움 때문인지, 아니면 가치관의 변화

때문인지 확인할 필요가 있음

문제 육아의 어려움

해결방법 기업 내 육아지원시설 강화, 보육시설 확충, 육아휴직제도 확대, 결혼장려금, 결혼적령기의 청년들이 주택마련을 쉽게 할 수 있도록 제도화 함

📖 이제 답변을 해보자

토론에도 상대방이 있는 것처럼, 대립구도의 사고방식으로 문제점의 원인을 짚어내는 것이 예상치 못한 문제에도 쉽게 접근할 수 있는 일종의 '틀'입니다. 2017년도 중앙대학교 생명과학부 신입생이 된 어느 학생은 '시사를 묻는 질문'을 풀어나가는 방법에 대해 다음과 같이 조언하고 있습니다. 그 핵심은 질문자가 시사에 관해 물어보면, '답을 찾으려 하지 말고 토론한다는 마음가짐으로 자기의 생각을 풀어가는 것'이 핵심이라는 것입니다.

"면접관이 원하는 답을 맞춘다는 부담감을 갖기보다는 그 문제에 대한 자신의 생각을 풀어나간다는 생각을 해야 말할 거리가 떠오릅니다. 면접이라기보단, TV 토론 프로그램처럼 어떤 시사문제에 대해 이야기하러

나간다는 생각을 하는 것도 좋을 듯해요."

　토론이란 무엇입니까? 나와 반대되는 견해를 갖고 있는 사람과 논쟁을 벌이는 것이 아닙니까? 비록 토론면접이 아니더라도 시사를 묻는 질문에서 자신이 제시할 견해에다 상대방의 반론을 고려해서 말을 한다는 생각을 가지면 풍부한 답변을 할 수 있습니다. 그렇다면 이제 답변을 마무리해봅시다. 첫째, 내 생각을 정리해서 결론부터 말하고 둘째, 문제상황을 파악한 다음 떠올린 이미지로 대립구도를 활용해서 그 문제의 원인을 2~3가지 떠올린 다음, 해결방법도 다양하고 구체적으로 말하는 것이지요.

> **면접관:** 우리나라가 당면한 저출산 문제를 해결할 방법에 대해 이야기해보세요.
>
> **수험생:** 저출산 문제에는 그 원인이 다양할 것입니다. 표면적(외적)으로 나타난 원인은 자녀를 양육하는 데 소요되는 경제적 부담과 고용 불안정 때문이라고 생각합니다. 아이 한 명을 대학까지 졸업시키는 데 2억 원 이상이 필요하다는 뉴스보도를 본 적이 있습니다. 만약 한 가정에서 두 명을 양육한다면 대학졸업 때까지 4억 원 이상이 든다는 결론인데, 그 비용은 만만한 금액이 아닙니다.
> 　내적으로(심리적인 이유를) 살펴보면, 혼인에 대한 가치관의 변화도 그 원인 중에 하나일 수 있습니다. 〈나혼자산다〉라는

MBC 방송 프로그램을 보면 경제력이 충분한 혼인 적령기의 상황임에도 불구하고 삶을 즐기기 위해 결혼을 미루는 모습이 나옵니다. '혼밥', '혼술'이라는 단어가 등장하고, 편의점의 매출이 증대되는 현상은 1인 가구 상당수가 혼인을 미루고서 혼자 살려는 사람이 많아졌기 때문이라 생각합니다. 즉 과거처럼 자손을 낳아 가문과 대를 잇겠다는 생각보다 인생을 즐기겠다는 '가치관의 변화'가 나타나는 것 같습니다.

그렇다면 이 저출산 문제의 해결방법은 첫째, 젊은이들이 결혼을 하는 데 경제적 부담을 느끼지 않도록 주택이나 임대주택을 쉽게 마련할 수 있도록 해야 할 것입니다. 둘째 육아에 부담을 느끼지 않도록, 기업에서는 육아시설을 의무적으로 만드는 것을 제도화해서 맞벌이 가정에 부담을 주지 않도록 해야 할 것입니다. 나아가 육아휴직제도를 확대하거나 아이들에 대한 사교육 부담을 줄이는 정책을 마련해서, 그 돈이 가정의 육아와 생활을 위한 자금으로 활용되는 쪽으로 방향을 잡으면 좋겠습니다.

〈 7장 〉
황당한 질문도
두려워하지 마라

　몇 년 전, 서울 모 사립대학교 경제학부 면접에서 어떤 교수가 지원자와 대화를 시작합니다. "학생, 우리 대학 와보니 건물들이 멋있나?" 수험생이 "예"라고 답하자, "그럼 면접을 보고 있는 이 건물은 어떤가?"라고 다시 물었습니다. 지원자는 "꼭 합격해서, 이 건물에서 공부하고 싶을 정도로 멋있습니다"라고 대답했죠. 그러자 그 교수는 "음, 그럼 이 건물에 창문이 대략 몇 개쯤 될까? 한번 말해보게"라고 물었다고 합니다. 갑작스러운 질문에 적잖게 당황한 학생은 이렇게 말합니다. "글쎄요. 세어보질 않아서요. 잠깐 나가서 세어봐도 괜찮겠습니까?"

　면접 도중에 실제로 밖으로 나가 건물의 창문 숫자를 세어보라는 뜻이었을까요? 이런 유형의 질문을 받으면 논리적면서도 유연한 사고방식으로 문제를 해석하는 것이 포인트입니다.

📖 황당한 질문은 '이성적 합리성'을 평가하기 위해서다

tvN 〈대학토론배틀 시즌 7〉에서 심사위원으로 나온 작가 허지웅은 토론 참가자들에게 다음과 같은 과제를 던집니다. "제가 토끼털에 대한 심각한 알레르기 반응이 있다고 가정하고, 그런 나에게 앙고라 니트를 한 번 팔아보세요"라고 말이죠. 이때 '토끼 알레르기 반응이 있는 사람에게 앙고라 니트를 팔아보라니! 질문 자체가 꽤 황당하군'하고 생각해선 안 됩니다. 토론이나 면접의 참가자는 어떤 상황에서도 면접관의 질문 자체를 변형해서는 안 됩니다.

대부분의 토론 참가자들은 앙고라 니트의 보온성과 같은 효율적인 기능을 설명하는 데만 주력하면서, 심사위원에게 앙고라 니트를 팔아보려고 노력합니다. 분명히 질문자는 '나는 토끼털에 심한 알레르기 반응이 있다'라는 조건을 설정했음에도 불구하고 어떤 참가자들은 앙고라 니트를 허지웅에게 직접 입어보라고 집요하게 권유하기도 하죠. 그때 옆에 앉아있던 다른 심사위원인 《공부기술》의 저자 조승연은 참가자들이 대부분 비슷한 논리로 평가위원들을 설득하려 한다는 것을 깨닫고선 따분해합니다.

지루한 시간이 흘러가는 가운데, 한 참가자가 등장해서 '사이다' 발언을 합니다. "심사위원님, 이 앙고라 니트를 구입해서 사랑하는 사람에게 선물해주세요. 아주 따뜻할 겁니다"라고 말하며 설명을 이어나갑니다. 그제야 심사위원들은 웃음을 짓습니다. 이처럼 황당한 질문을 받았을 때는

⋮

'논리의 바탕에서 유연하게 확장해서 말한다'가 그 핵심입니다.

　이런 유형의 질문은 어느 대기업 영업직 신입사원 면접에서 나왔던 "스님에게 고기를 한번 팔아보세요"라는 물음과 맥락이 비슷합니다. 이 때, '스님들은 육식을 하지 않는데, 어떻게 고기를 스님에게 팔라는 것인가?'라고 생각하면 답변이 어렵습니다. 그런데 이 질문을 자세히 뜯어보면 스님에게 고기를 팔라는 것이지 스님이 고기를 산 다음, 직접 굽거나 삶아 먹으라는 뜻은 아니죠. 그러므로 스님이 고기를 구입한 다음, 평소 고기를 잘 먹지 못하는 빈곤층의 아이들에게 나눠주면 된다고 근거의 범위를 유연성 있게 확장해서 상대방을 설득하면 좋지 않겠습니까?

📖 황당한 질문에 감정을 개입시키지 마라

　이런 황당한 질문을 받으면 일부 수험생은 터무니없는 감정에 휩싸이기도 합니다. 그러나 이때에도 침착함과 냉정함을 유지할 필요가 있습니다. 실제 몇 년 전 서울의 모 대학 면접에서는 "아빠, 엄마, 동생이 물에 빠졌다. 단 2명만 구할 수 있는데 누구를 구할 것인가?"라는 질문이 나왔습니다. 그 대학이 작성한 '면접 후기 자료'에 의하면 이 질문에 대한 학생들의 반응이 실로 다양했다고 합니다. 다음처럼 말이지요.

　"저는 수영을 잘하니 모두 살릴 수 있습니다. 중학교까지 ○○시 수

영선수 대표로 활동했거든요. 그래서 모두 구할 수 있습니다. 자신 있습니다."

"왜 그중 한 명이 반드시 죽어야 하나요. 너무 잔인한 것 아닌가요?"라고 말하면서 우는 여학생도, "제가 대신 죽겠습니다. 그 대신 아빠, 엄마, 동생을 모두 다 살려주세요"라고 말하는 학생도 있었다고 합니다.

이런 답변들은 논점을 비켜간 것입니다. 이런 황당한 질문의 목적은 '논리적이면서도 유연한 답변태도'를 평가하기 위해서인데, 그런 질문자의 의도도 모르고 개인적인 감정을 개입시켜 버렸습니다. "아쉽지만 아빠와 동생을 먼저 살리겠습니다. 동생을 돌보는 일과 가사활동은 제가 어느 정도 할 수 있는데, 아빠는 가족의 경제를 책임지셔야 하니까요"라든지 "슬프지만 엄마와 동생을 먼저 살리겠습니다. 동생은 어려서 인생을 앞으로 더 경험해야 할 것 같습니다. 엄마는 생활과 동생의 교육을 책임지시고, 저는 당분간 학교를 그만두고 아빠를 대신해서 경제문제를 해결하는 데 주력해야 할 것 같아요. 그런 다음, 경제가 안정되면 공부를 계속하겠습니다"와 같은 대답이 논리적이면서도 유연성 있는 답변이 아닐까요?

2017학년, 서울의 모 대학 면접에서는 "학생이 면접시험을 보러 오는데 지나가던 행인이 갑자기 쓰러졌다. 어떻게 하겠는가?"라는 질문을 면접관이 물었습니다. 역시 이때도 "왜 갑자기 행인이 쓰러집니까? 수긍할 수 없는 상황이네요"라는 반응을 보이면 논지에서 벗어난 것입니다. 수험생은 질문에서 주어진 상황을 있는 그대로 받아들여야지, 질문 자체를 각색해서는 안 되는 것이지요.

📖 정확한 수치와 사실을 말하는 면접문제는 없다

다음은 지방 국립대학교 자유전공학부 면접에서 교수와 학생 사이에 있었던 대화입니다.

면접관: 학생은 중국요리 좋아하나?

수험생: 예. 그중에서도 탕수육과 짜장면을 좋아합니다.

면접관: 그래. 그렇다면 우리 대학이 있는 ○○시 전체에 중국요리를 하는 가게가 대략 몇 개 정도 될 것 같아요?

수험생: (당황함. 곰곰이 생각해보더니) ○○시청 총무과나 보건 담당하는 부서에 전화해서 물어보면 정확히 알 수 있지 않을까요?

위의 대화에서 면접관은 처음 만난 수험생에게 ○○시의 중국집 숫자를 물어보고 있습니다. 한번 생각해봅시다. 면접관은 ○○시의 중국요리 가게 수를 정말 알고 싶을까요? 만약 그렇다 치더라도 ○○시의 중국요리 가게 숫자를 절박한 수험생에게 물어보는 이유는 왜일까요?

이런 다소 황당한 질문들은 '논리적이면서 유연한 태도'를 체크하려는 것에 그 목적이 있습니다. 즉, 중국요리 가게 수를 묻는 질문에서 실제 정확한 가게 수는 전혀 중요하지 않습니다. 그러므로 수험생은 다음과 같이 말하는 것이 논리적이면서 유연한 답변일 것입니다.

⋮

> "○○시는 5개의 구(區)로 이루어져 있습니다. 제가 살고 있는 구는 7개의 동(洞)으로 이루어져 있는데, 제가 살고 있는 동에서 짜장면이나 탕수육을 파는 중국 요리집은 대략 20개 정도가 있는 듯합니다. 그렇다면 제가 사는 구에는 140개 정도의 중국 요리 가게가 있을 것이고, ○○시가 5개의 구로 이루어져 있으니 140×5를 하면 대략 700개 정도 있지 않을까요?"

면접관이 어느 지역의 커피를 파는 카페의 수를 물어도, 빵집의 수를 물어도, 편의점 개수를 물어보아도 위와 같은 방식으로 답하면 좋습니다.

📖 논리적이고 유연하게 생각하라

사실 요즘 대입 면접에서는 위에서 예를 든 질문들은 잘 나오지 않는 편입니다. 자기소개서를 바탕으로 묻는 질문들이 대부분이고, 지원자가 전공에 대한 기초 소양이 있는지를 시사문제를 통해 물어보거나, 제시문들을 보여준 다음 답변하라는 식입니다.

그러나 지원한 대학의 전공, 예를 들면 경제학과나 경영학과처럼 전공과목에서 '숫자'를 잘 활용해야 하는 학과에서는 "성남시 분당구 전체에는 중국요리 가게가 몇 개일까?"와 같은 질문도 가끔 나올 수 있습니다. 이런 난감한 질문을 하는 이유는 '논리적이면서도 유연성 있는' 답변태도를 평가하기 위해서이므로, 질문의 상황에 개인적인 감정을 집어넣을 필요가 없다는 것도 더불어 기억해둡시다.

〈 8장 〉
제시문을 주는 면접이 더 쉽다

최근 대입 면접에서 지원자에게 제시문을 주고 얼마간의 시간을 준 다음, 정리한 것을 말해보라고 요구하는 대학들이 늘어나는 추세입니다. 특히 교육대학이나 사범대학에서 제시문을 주는 면접을 점차 더 확대하고 있습니다. 제시문이 있으니 겉으로 보면 어려워보이지만 알고 보면 더 쉽습니다. 제시문을 독해하고 정리할 시간을 주기 때문에 답변의 힌트를 제시문 속에서 발견할 수 있기 때문입니다. 그런 다음, 그 메모한 내용을 가지고 입학사정관들 앞에서 또박또박 읽어 내려가면 됩니다. 제시문만 추가되었을 뿐이지, 답변의 기본적인 원리는 이 책 2교시 3~4장 〈청개구리처럼 거꾸로 생각하면 쉽다(1), (2)〉에서 설명했던 방식이 그대로 적용됩니다.

〈1. 2017학년도 경희대학교 네오르네상스 전형〉〈2. 2017년도 국민대학교 교과 성적 우수자 자연계전형〉 문제를 통해 제시문을 주는 면접문제를 풀어가는 방법을 익히도록 합시다. 결국 이 문제들도 '대립구도'를 골자로 한 몇 가지 답변원리를 활용해서 접근하면 풀기가 쉽습니다. 계속 강조하지만 이런 문제는 '정답'이 있지 않습니다. 자신의 논리를 가지고 차근차근 풀어가야 합니다.

⋮

1. 경희대 네오르네상스 전형(인문계) 기출문제

우리나라는 2000년에 고령화 사회에 진입한 데 이어, 2018년 고령 사회에, 2016년에는 초고령 사회에 각각 진입할 것으로 예상된다. 정부는 '고용상 연령 차별금지 및 고령자 고용촉진에 관한 법률'에 의거하여 2016년부터 300인 이상 대기업과 공공기관 근로자의 정년을 60세로 연장하였으며, 나머지 기업들에도 2017년부터 동일하게 정년 연장 규칙을 적용할 예정이다. 그런데 일부에서는 정년 연장이 청년 고용을 위축시켜 일자리를 둘러싼 세대 간 갈등을 불러올 수 있다고 비판한다.

결론

정년 연장에 대한 본인의 의견을 찬성 또는 반대의 입장에서 말하시오.

(출처: 경희대 2017학년도 선행학습평가)

먼저는 위 문제를 읽고 나서 대립 구도를 한번 파악해봅시다. 고령화 시대의 정년 연장에 대해 찬성하느냐? 아니면 반대하느냐?가 대립을 이룹니다. 이 대립구도는 정년 연장이 일자리 문제로 청년층과 갈등을 불러일으킬 것인가? 말 것인가?로 바꿔서도 이해할 수 있습니다. 또한 이 문제는 '세대 간의 갈등'이라는 문제 상황의 본질적인 부분도 친절하게 짚어줍니다. 그러니까 이와 같이 '제시문'을 주는 면접문제가 더 쉬울 수 있습니다.

　이때, 수험생은 정년 연장에 관한 사회적 갈등상황을 다루는 구체적인 이미지를 떠올리는 것이 답변을 위한 좋은 방법입니다. 예를 들어, 어떤 연륜 있는 초등학교 교장선생님과 이제 막 들어온 초등학교 교사가 함께 근무하는 모습을 떠올린다든지, 정년퇴직을 앞둔 능력 있는 대기업 이사와, 드라마 〈미생〉에 나왔던 비정규직 신입사원을 함께 기억해낼 수도 있습니다. 또 이력서를 수십 개에서 많게는 백 개 가까이 작성하면서 고군분투하는 취업준비생의 모습을 떠올려도 좋습니다. 나아가 대학생들이 요즘 취직이 쉽지 않아 졸업을 기피하고 있다는 현상을 보도한 뉴스를 떠올려도 됩니다.

　다시 말하지만 나와 상반된 견해를 가진 상대방의 '반론'을 고려하는 것은 답변을 풍부하게 만듭니다. 상대편의 '반론'을 가져온 다음, 그 반론을 다시 조목조목 비판하면서 수험생의 주장을 강화하는 것입니다. 이런 문제들은 수험생의 '논리적인 사고방식'을 평가하는 것이 주된 목적이므로 정답의 범위를 규정할 수 없습니다. 떠오르는 구체적인 이미지를 활용해서 문제의 본질이나 원인을 언급하고 다양한 해결방법을 모색하면 그만인 것이죠. 정년 연장에 찬성한다는 입장에서 답변을 한번 구성해보겠습니다.

(결론부터 말하라)저는 정년 연장에 대해 찬성합니다.

(근거를 들고)고령화 사회가 되면서 실질적으로 노동력을 제공할 수 있는 나이가 늘어났다는 점도 있겠지만, 무엇보다 중요한 것은 한 분야에서 오랜 시간을 거친 노하우나 연륜, 지혜를 각 분야에서 잘 활용할 수 있다는 점입니다. 이런 분들이 갑자기 조직을 떠나게 되면 그 손해는 클 것입니다.

(반론을 가져온다)물론 정년이 연장될 경우에 청년들의 일자리가 늘어나지 않을 것이라는 반론도 있습니다. 드라마 〈미생〉을 보면 주인공이 비정규직이기 때문에 차별을 감수해가며 정규직 사원이 되기 위해 노력하는 눈물겨운 장면이 연출됩니다.

(재반론의 시작)그러나 정년 연장의 문제가 일자리 문제와 세대 간의 갈등을 일으킨다는 상황은 다소 관점을 달리 해서 바라볼 필요가 있다고 생각합니다.

(문제의 원인파악 및 근거)일자리 문제는 꼭 정년 연장을 한 노동력 때문에 발생하는 것이 아니라 세계나 한 나라의 경제, 기업의 상황과 밀접하게 관련이 있기 때문입니다. 예를 들어 IMF나 2008년 외환위기 때 기업들이 줄도산할 때는 중장년층이든, 청년이든 일자리 구하기가 모두 힘들었다고 알고 있습니다. 따라서 꼭 정년 보장이 청년 실업을 확대시키는 원인은 아니라고 생각합니다. 오히려 일자리 부족 문제의 본질은 한국 사회에 전반적으로 깔려있는 부의 불균형 때문이 아닐까요?

부가 한쪽으로 쏠려있는 양극화 현상이 일자리 문제의 근본원인일 수도 있습니다.

(해결방법, 대안을 제시하자)정년을 앞둔 어른들과 청년들이 조금씩 서로 양보해서 일하는 영역을 달리하면 문제를 해결할 수 있지 않을까 생각합니다. 정년을 앞둔 분들은 부서의 교육을 하는 곳에서 근무하면서 그동안 쌓은 지혜나 노하우를 가르치는 것입니다. 새로운 일을 얻은 청년들은 기업에서 활동량이 많은 분야에 근무하면서 정년을 앞둔 분들과 노하우나 지혜를 공유할 수 있을 것입니다. 나아가 국가는 나라의 부가 어느 한쪽에 쏠려있지 않나 면밀히 살펴서, 양극화 문제를 해소하고 일자리를 창출하는 데 주력해야 할 것입니다.

2. 국민대학교 교과성적우수자전형(자연계) 기출문제

최근 드론에 대한 규정이 완화되어 공공의 안전에 지장을 주지 않는 범위에서 다양한 사업에 활용할 수 있게 되었습니다. 드론이 상용화될 시점에 우리 생활에 미칠 긍정적, 부정적 영향에 대해 이야기하고, 부정적 요소가 있다면 이에 대한 대응방안을 말하시오.

(출처: 국민대 2017학년도 선행학습영향평가)

이 문제는 드론이 우리 생활에 미칠 긍정적, 부정적 영향에 대해 모두 설명하라고 지시하면서 부정적 요소에 대한 '대응방안'까지 말해보라고 합니다. 이제 드론과 관련된 구체적인 이미지를 한번 머릿속으로 떠올려보죠. 드론 활용의 긍정적인 면의 사례로, 험악한 산악지대나 넓은 바다 위를 날아다니며 조난자를 확인하고 구조하는 장면을 떠올릴 수 있을 것입니다. 또 접근하기 힘든 섬이나 산간 지역에 물건을 배달하는 모습도 상상할 수 있을 것입니다. 한편, 드론을 활용할 때 발생할 만한 부정적인 사례로는 전쟁에서 전투용으로 개발된 드론이 사람을 공격해서 살상하거나, 드론을 조종해서 타인의 사생활을 몰래 염탐하는 범죄, 정해진 항로로 날아가는 항공기에 드론이 불법적으로 피해를 주는 일, 드론을 활용한 배송 때문에 관련분야 노동자들이 일자리를 잃는 경우도 있을 수 있습니다.

드론이나 그 관련 산업을 부정적인 시각으로 바라보는 본질적 원인에는 '사생활 침해'나 '인명 살상'과 같은 문제가 있을 것입니다. 그렇다면 이 원인들에 대한 대응방안은 무엇일까요? 여러 가지가 있겠지만, 일단 드론의 통제와 관리에 관한 해결방법이 필요할 것입니다. 수차례 강조했지만, 이런 문제를 통해 평가자들은 수험생의 논리적인 답변태도와 종합적인 사고력을 확인하고 싶습니다.

제 특강을 듣고 국민대학교 학생부종합전형에 합격한 어떤 학생은 이 문제를 읽고 나서 잠시 생각을 정리한 다음, 면접에서 다음과 같이 말했습니다.

우선 드론의 긍정적인 현상은 삶의 편리를 증대시켜 준다는 것입니다. 예를 들어 세계적인 유통기업 UPS는 이미 드론을 통한 배달을 상용화해서 오지에도 물건을 정확한 시간에 전달하고 있습니다. 또한 배가 침몰하거나 산악지대에서 조난자가 발생하더라도 정확한 위치나 상황을 신속하게 파악해서 인명을 구하는 데 드론을 활용할 수 있습니다.

그러나 드론은 '동전의 양면'과 같이 부정적인 면도 있다고 생각합니다.(대립구도 활용) 드론은 원래 군대의 전쟁을 위한 공격형 무기로 개발되었다고 합니다. 따라서 드론이 전쟁에 활용된다면 인간을 살상하는 무기가 될 수도 있고, 통제하지 못한 드론의 운용은 날아가는 항공기에 피해를 줄 수 있어 큰 사고도 일으킬 수 있습니다. 마지막으로 상대방의 동의를 구하지 않을 경우, 초상권을 침해하거나 사생활을 침해하는 문제도 쉽게 발생할 수 있습니다.

그러므로 제도로 철저하게 관리하는 것이 필요합니다. 누구나 쉽게 구입할 수 있고, 조종하는 사람이 쉽게 발견하기 힘든 경우도 있으므로 시·군·구 등의 구체적인 지역까지 드론의 등록제도가 필요할 것입니다. 사생활 침해를 방지하기 위해서는 자동차를 소유할 때 국가에 등록을 하는 것처럼, 고기능을 갖춘 드론을 구입함과 동시에, 소유자의 인적 사항 또한 철저히 파악하여 문제가 발생하면 그 책임을 엄하게 물어야 한다고 생각합니다.

3교시

면접관이
원하는 답변을
미리
준비하라

SUCCESS... 99%

〈1장〉
대입 면접에서도 중요한
'지피지기면 백전백승'

《손자병법》에 '지피지기면 백전백승(知彼知己百戰百勝)'이라는 말이 있습니다. 상대방을 알고 자신을 알면 언제나 승리할 수 있다는 의미입니다. 학생부종합전형 원서를 접수하고 나면, 대학마다 다소 차이는 있지만 면접까지 보통 1달 정도의 기간이 주어집니다. 이때는 학생부와 자기소개서를 하루에 꼭 한번이라도 정독하기를 권하고 싶습니다.

학생부종합전형으로 합격한 학생들이 공통적으로 강조하는 몇 가지가 있습니다. 첫째, 지원한 학교에 대한 자료를 모으고 조사했다는 점입니다. 둘째, 면접 시험 때까지 자기소개서와 학생부를 여러 번 반복해서 읽는다는 점입니다. 이 두 가지 행동은 면접에서 '대학과 관련된 구체적인 근거를 들어 답변'하기 위한 공통의 목표를 지니고 있는 것이지요.

📖 지원한 대학과 전공에 대해 관심을 가져라(지피: 知彼)

지원한 대학에 합격하고 싶다면 지원대학과 전공에 대한 자료를 출력해서 모으세요. 이것은 자신이 '대학과 전공에 적합한, 즉 잘 들어맞는 학생'이라는 것을 보여주기 위한 기본적인 태도입니다. 물론 자기소개서를 작성하기 위해 지원한 대학과 전공학과에 대한 정보를 어느 정도는 파악했을 줄로 압니다. 그때 활용한 자료가 있다면 다시 꺼내서 가볍게 읽어보는 것도 좋습니다. 그렇다면 전공과 관련된 자료들을 어떻게 활용한다는 것일까요?

다음은 한국외국어대학교 경영학부 홈페이지에 있는 학장 인사말의 일부분을 살펴보면서 설명하겠습니다.

> (중략) 이러한 장기 불황의 시대에 우리는 어떤 생존 전략으로 후일을 도모해야 할까요?
>
> 중국의 철학자인 유자는 다음과 같은 명언을 남겼습니다. '군자는 기본이 되는 일에 힘을 쓰며, 매사에 기본이 바로 서야 도(道)가 발생한다.'
>
> 영어로는 'Back to the Basic'이라는 의미 정도일 것입니다. 현재 기업을 경영하는 경영자들이 대학 시절에 배우고 회사 생활을 통해 익혔던 기업 경영에 필요한 인사조직, 마케팅, 재무, 회계, 전략, 생산관리, 경영정보, 국제경영 등에 대한 상식적이고 기본적인 내용들을 자신도 모르게 잊고 있는 건 아닐까요? 국내외 경제 위기나 기업의 흥망성쇠도 결

국에는 편법이나 관행이라는 이름으로 가장한 채 기본을 어기고 행해졌던 많은 일들 때문은 아닐까요? 2008년 글로벌 금융 위기도 투자은행들의 도덕적 해이와 감독 당국의 안일한 대처가 화를 불렀던 사실을 돌이켜보면 틀린 이야기는 아닌 것으로 판단됩니다. 이제는 기업 경영에 필요한 기본적인 사항들을 하나하나 곱씹어 보며 기업과 경영자의 의사 결정 프로세스를 다시 한번 재점검할 시기가 도래한 것 같습니다. 한국 1위의 글로벌 대학 한국외국어대학교 경영학부에서는 탁월한 교수진과 최신의 교육 시설로 여러분께 경영학의 기본기를 탄탄히 할 기회를 제공해드릴 것입니다.

(출처: 한국외국어대학교 경영대학 경영학부장 유태영 교수의 인사말)

위의 인사말에서 유태영 교수는 경영학의 '기본기'를 강조하고 있습니다. 한국외국어대학교 경영대학을 지원하는 수험생은 이런 말 정도는 기억해두는 것도 괜찮을 것입니다. 예컨대 "고등학생 수준에서 생각해볼 때, 경영이란 뭐라고 생각해요?"라든지 장래희망, 입학 후 계획에 대해 묻는 질문을 받으면 자기의 생각을 소신껏 말하다가 한국외국어대학교 경영학부에 진학해서 '경영학에 대한 기본기'를 탄탄히 배우고 싶다고 슬쩍 말할 수도 있지 않을까요?

핵심이 뭐냐면 지원할 대학과 학과에 관심 좀 기울이라는 말입니다.

특히 "문화인류학이 뭐라고 생각해요?"라든지, "고고미술사학이 무엇을 공부하는 학문이라고 생각해요?"와 같은 질문은 미리 대학 홈페이지에 가서 그 학문의 개념, 지향하는 목적, 수업과정을 검토하지 않으면 막상 대답하기 힘든 면접질문들입니다.

📖 자기소개서와 학교생활기록부를 매일 읽어라(지기: 知己)

우선 복사한 자기소개서와 학생부를 매일 1번씩 읽기를 권합니다. 틈날 때마다 수시로 읽는 것입니다. 처음엔 전체를 한번 꼼꼼히 읽는데 다소 시간이 걸리겠지만 반복할수록 속도는 빨라지게 됩니다. 그렇게 반복해서 자소서와 학생부를 읽다보면 '어느 부분을 스토리로 구성하면 좋겠다'는 생각과 동시에 어떤 질문이 나와도 '빠짐없이 답변할 수 있겠다'는 자신감도 생길 것입니다.

입학사정관이나 교수님들은 지원자들의 자기소개서를 먼저 검토한 다음, 학생부를 살펴본다는 견해도 있고 반대로 학생부를 보고 나서 지원자의 자기소개서를 읽는다는 견해도 있습니다. 어느 것이 맞는지는 의견이 분분하지만 첫 번째가 옳다고 생각합니다. 면접관은 자기소개서를 수험생의 3년간의 학교활동기록들을 보충해서 '엑기스'를 농축해놓았다고 생각할 것입니다. 그러므로 면접관은 먼저 지원자의 자기소개서를 세세하게 읽고 난 다음, 지원자의 학교생활기록부를 살펴볼 가능성이 큽니다.

면접관의 '확인을 위한 질문'은 지원자가 자기소개서와 학교생활기록부에 적어놓은 내용의 범주를 넘지 않습니다. 그러므로 면접 당일까지 복사한 자기소개서와 학생부를 매일 소리 내어 반복해서 읽는다면 크게 도움이 됩니다.

2016년도에 건국대학교에 합격한 학생 한 명도 면접후기에서 다음과 같이 말하고 있습니다.

2단계가 면접 100%여서 걱정이 많이 되었지만, 교수님과 입학사정관님 앞에서 떨더라도 웃으면서 질문에 대한 대답을 당당하게 이어가면 좋게 봐주시는 것 같습니다. 또한 인성 면접에서는 깊게 물어보셔도 생활기록부에 있는 내용이기 때문에 학교에서 면접 준비를 하면서 충분히 생활기록부를 숙지하는 것이 중요합니다. 또 큼직큼직한 자신의 활동 개요를 선정해서 시행착오 극복 같은 사례를 하나씩 미리 준비해놓는 것이 좋은 것 같습니다.

(출처: 건국대학교 생명시스템공학부 합격,
인천광역시교육청 진로진학센터 합격사례집)

📖 구체적인 근거를 들어 대답하자

실제로 2017년도 한국외국어대학교 경영학과 면접에서 입학사정관이 "다른 대학 경영학과도 많은데 굳이 한국외국어대학교 경영학과에 지원한 이유는 무엇인가요?"라고 면접관이 물어보았다고 합니다. 이때 두 수험생 A, B는 같은 질문에 전혀 다른 수준의 대답을 합니다. 다음처럼 말이죠.

> **A수험생:** 고등학교 때부터 이 대학교에 오고 싶었습니다. 평소에 어학에 관심이 많았습니다. 꿈꿔왔던 한국외국어대학 경영학과에 합격만 시켜주신다면 어학과 경영힉을 최선을 다해 열심히 공부하고 뭐든 잘할 수 있을 것 같습니다.
>
> **B수험생:** 한국외국어대학교 경영학과는 공정무역회사 CEO을 꿈꾸는 저에게 가장 이상적인 학교와 학과이기 때문입니다. 특히 한국외국어대학은 외국어 분야에 특화되어 있기 때문에 합격해서 경영학의 기본기를 탄탄히 닦는 동시에, 외국과의 공정무역을 위해 중국이나 포르투칼어도 같이 익힐 수 있는 최고의 환경이라고 생각합니다. 또한, 고등학생 때부터 한국외국어대학이 목표여서 대학에서 주최한 각종 체험프로그램에도 틈틈이 참여했었습니다. 이 대학 경영학과는 저에게 익숙하면서도 최고의 교육환경을 제공하리라고 생각합니다.

여러분이 면접관이라면 A와 B중 누구를 뽑고 싶겠습니까? 아마 B일 것입니다. B는 대학과 전공과 관련된 구체적인 답변을 이야기했습니다. 반면에 A는 다소 추상적이고 대략적인 이야기를 했을 뿐이죠. 추상적이고, 막연하며, 일반적인 말들은 대화의 상대방에게 그 의미가 잘 전달되지 않는다는 것을 명심해야 합니다.

📖 이제, 백전백승(百戰百勝)이다

2017년도에 고려대학교 국어교육과에 합격한 어떤 학생에게 최종 합격의 결정적인 이유가 무엇인 것 같냐는 제 질문에 다음과 같이 말해주었습니다.

> "강사님. 제가 느끼기에는 면접 및 자소서에서 전공적합성을 드러내는 일이 중요하다고 생각됩니다. 또한 고등학교에서 문학을 가르치는 선생님이 되고야 말겠다는 구체적인 의지와 열정도 긍정적으로 봐주신 듯해요."

수시선발에서 여섯 번의 기회가 있는 대한민국의 수험생들은 자기소개서와 면접 준비가 때론 힘들고 귀찮기도 할 것입니다. 그렇지만 면접을 위한 기초적인 준비조차 하지 않으면 안 됩니다. 그 준비는 면접의 주인공인 '나'와 상대방인 '대학과 전공'에 대한 기본적인 정보를 파악하는 것에서부터 출발합니다.

면접에 온 경쟁자들은 서로 수준이 엇비슷합니다. 그러므로 1%라도 차별화되어야만 상대방보다 우위에 있을 수 있습니다. 이때 대학 전공과 구체적으로 관련된 답변을 하는 것으로 당락이 좌우될 수 있습니다. '이 대학과 학과는 이런 목표로 어떠어떠한 교육내용을 우선시하는구나'를 중심으로, 여러 가지 정보들을 메모해놓은 자료는 면접에서 큰 위력을 발휘할 것입니다.

〈 2장 〉
'자기소개해보세요'라는 질문에는
어떻게 답변하는 것이 좋을까?

간단한 테스트를 한번 해봅시다. 지금 이 책을 읽고 있는 수험생들이라면 30초 이내로 '자신에 대한 소개'를 한번 해보세요. 쉽나요? 탁월한 순발력을 가지고 있다면 모를까, 미리 준비하지 못했다면 '단답형'의 말로 그치거나 두서없는 한두 마디로 그칠 확률이 높습니다. 생각하면 이 상황이 코미디 같을 것입니다. '자신의 삶'에 대해 압축해서 남에게 말하기가 이토록 어렵다니요! 그래서 '자기소개 한번 해보세요'라는 질문도 준비가 필요한 것입니다.

수험생은 자기소개만 잘해도 면접관에게 긍정적인 인상을 남길 수 있습니다. '자기소개해보세요~'라는 질문은 '자신의 강점과 장점, 역량을 처음부터 압축적으로 얘기해보세요'라는 말과 일맥상통합니다. 그러므로 질문에 대비해서 자신이 남들에게 조금이라도 자랑할 만한 일이라고 생각되는 소재가 있으면 그때마다 구체적으로 기록해두는 것이 좋습니다.

📖 자기소개를 통해 좋은 첫인상을 남겨라

자기소개를 잘하는 것은 장점을 통해 자신에 대한 좋은 이미지를 남길 수 있는 방법입니다. 하지만 대부분이 "저는 광주 ○○고등학교 3학년 2반 이적입니다. 안녕하세요" 혹은 "저는 부산에서 올라온 ○○고등학교 3학년 정우성입니다. 잘 부탁드립니다"정도만 이야기합니다. 냉정히 따져본다면 이건 인사멘트라고 불러야 하지 '자기소개'는 아닌 것입니다. 인사는 면접 장소에 들어오면서 이미 했을 것 아닙니까? 그리고 어느 지역에서 왔으며 몇 학년이라는 것은 학생부에도, 자기소개서에도 적혀있는데, "안녕하세요. 저는 수험번호 ○○번 ~라 합니다"와 같은 말을 '자기소개해보라'는 질문에 또 할 필요가 있을까요? 그럴 필요가 없습니다. 그렇다면 어떻게 하면 좋을까요?

20~30초 이내의 '자기소개' 멘트를 미리 준비하는 것이 좋습니다. 대입 면접의 답변은 핵심어를 중심으로 자신의 장점이나 역량을 드러낼 수 있는 임팩트 있는 말을 하는 것이지요. 그렇다면 어떤 내용을 말하면 좋을까요? 정해진 틀은 없지만 지원학과와 관련된 '열정'이나 '지원동기', '재미있는 표현'을 더하면 됩니다. 아래의 답변은 모두 '자기소개'를 지원한 학과와 연결시키면서 말했던 합격자들의 발언입니다. 너무 길게 말하면 면접관이 지루할 수 있으므로 1분 이내의 시간에 말하길 바랍니다.

A수험생: 안녕하세요. 피겨의 김연아를 좋아하고, 리듬체조 손연재도 좋아하며 수영선수 박태환도, 배구선수 김연경도, 축구선수 손흥민도 좋아하는 OOO입니다. 이 선수들의 외모가 이쁘고, 잘나서 좋아하는 게 아닙니다. 저는 나중에 이런 스포츠 선수들 대신 구단과 협상하는 스포츠 에이전트 회사의 CEO가 되는 것이 제 꿈이자 목표이기 때문입니다. OO대학교 스포츠경영학과에서 체계적으로 스포츠마케팅을 배워서 제 열정을 꿈으로 전환하고 싶습니다.(지원동기-재미있는 표현과 자신의 꿈을 연결)

B수험생: 안녕하십니까. 제 어머니는 제가 의사나 약사가 되길 원하시고, 아버지는 한의사가 되길 원하시지만 저는 인공지능이 결합된 무인자동차, 전기자동차를 만들고 싶어 OO대학교 자동차공학부에 지원한 OOO입니다. OO대학교 자동차공학부에서 열심히 공부해서 독일의 벤츠사나 BMW, 테슬라에서 만드는 최첨단 자동차를 능가하는 자동차를 이 손으로 꼭 만들어보고 싶습니다. 잘 부탁드립니다.(열정을 강조)

자기소개를 잘해야 하는 이유는 면접관들의 시선이나 호기심을 유발할 수 있기 때문입니다. 위에서 A수험생은 스포츠 스타 선수들을 이야기함으로써 면접관들의 관심을 끌고 있습니다. 수험생의 첫마디에 아마 면접관은 '무슨 소리를 하려는 거야?'와 같은 호기심을 가질 것입니다. 그때 자신의 목표와 꿈, 열정을 넌지시 드러내며 말하는 것이지요. 또한 B수험생은 반전을 활용해서 '자기소개'를 합니다. 대한민국 입시현실에서 성적이 좋은 이과학생들이 의대나 약대, 한의대를 가려고 매달리는 현실과 비교하며 자신의 포부를 드러냅니다. 이 말 때문에 '자동차'를 공부하고 싶다는 지원자의 열정이 더욱 강하게 느껴집니다.

📖 자랑할 만한 스토리를 활용해도 OK!

'자기소개 한번 해보세요'라는 물음에, 남들에게 자랑할 만한 자신의 스토리 1~2개를 활용하는 것도 좋은 전략입니다. '저는 자랑할 만한 게 별로 없는 것 같아요!'라고 말하는 학생들도 있지만 고등학교 생활들을 떠올리면 하나쯤은 있을 것입니다. 예를 들어, 이제 고인이 된 박경리 작가의 《토지》를 틈틈이 5번 정도 읽은 고등학생이 있다고 가정합시다. 분명 국, 영, 수 같은 과목과 직접적인 관련이 있지는 않지만 자랑할 만한 독서량입니다. 꼭 이 책이 아니더라도 좋습니다. 조정래 작가의 《태백산맥》《정글만리》와 같은 장편소설을 읽는다거나 시간을 내어 인문고전을 여러 권 읽었다면 그것도 잘한 일입니다. 나아가 이 작품들에 대한 소논문까지 작성해보았다면 금상첨화라 할 것입니다.

장애인보호시설에서 봉사활동을 수년 째 꾸준히 해온 것도 동아리 친구들과 시사문제를 토론하고 연구하거나 혹은 각종 교내외 글짓기, 논술 대회에 출전한 경험도, 역사탐방을 위해 여러 박물관을 다녀온 일들도 역시 면접관들에게 자랑할 만한 활동들입니다. 혹은 동아리를 결성해서 간단한 로봇을 만들어보거나, 친구들과 드론을 분해조립한 일, 간단한 인터넷 게임이나 앱을 개발해본 일도 대단한 것입니다. 3년 동안 학교 화장실 청소를 꾸준히 한 것도, 장애인 친구를 위해 오랫동안 등하교를 도와준 일도 박수받을 만한 경험들입니다. 면접관들은 이런 활동 기록들을 보면서 '치열한 입시환경 속에서도 각종 활동을 열심히 했구나' 라고 생각할 것이니까요.

그러나 답변을 위해 '이토록 열심히 한 활동'에 대해 말할 내용을 준비해두지 않으면 무용지물입니다. 여기에서 합격과 불합격 답변의 결정적 차이가 발생합니다. 아래에서 소개할 재미있는 답변들도 모두 "자기소개 해보세요"라는 물음에 순발력을 발휘한 것이 아니라 미리 준비한 내용을 응용해서 말한 것입니다. 미리 준비해놓지 않고 자기소개를 즉흥적으로 하다가는 실패하기 쉽습니다. 자기소개 정도는 줄줄 외울 정도가 되어야 합니다. 왜냐하면 이 질문은 처음에 물어보는 것이 대부분이기 때문에 긴장이 덜 풀린 상태에서 답변할 가능성이 높기 때문입니다.

C수험생: 안녕하십니까. 주특기는 학교 근처의 복지관의 어르신들을 위해 주말마다 80명 분량의 점심식사를 친구들과 함께 준비

하는 것이고, 부특기는 시간이 나면 ○○고아원에 들려 아이들과 소프트볼 놀이하기를 좋아하는, 대한민국 최고의 복지전문가를 꿈꾸는 ○○○입니다. ○○사회복지학과에서 제대로 배워서 제 꿈을 반드시 이루고 싶습니다. 잘 부탁드립니다.(봉사활동과 연결)

D수험생: '포기는 배추를 셀 때나 쓰는 말이다'라는 철학을 가진 ○○고등학교 3학년 ○○○입니다. 저는 구기운동을 별로 좋아하지 않는데, 그 고정관념을 스스로 깨기 위해 배구동아리에 가입해서 다른 배구부원들보다 2배 가까이 노력했습니다. 항상 연습시간보다 30분 일찍 와서 연습하고, 시합 도중에도 경기장 밖에서 "쟤 뭐냐?"라는 말을 들을 정도로 연습했습니다. 그 결과 단기간에 주전도 될 수 있었고 배구동아리 대회에서 우승도 하게 되었습니다. 이런 자세로 ○○대학교 소방학과에서 열심히 공부해서 국민의 생명을 지키는 소방관이 되고 싶은 학생입니다. 잘 지켜봐주십시오.(동아리 활동과 연결)

위의 답변에서 수험생 C는 답변에서 봉사활동을 '주특기와 부특기'라는 재미있는 표현을 쓰고 있습니다. D는 배구동아리 활동 경험을 '재미있는 철학'으로 풀어냄으로써 면접관들의 관심을 끌었습니다.

📖 자기소개를 통한 첫인상 효과

'초두효과(primacy effect)'는 먼저 제시된 정보가 나중에 알게 된 정보보다 더 강력한 영향을 미치는 심리학적 현상을 말합니다. 사람의 첫인상이 3초 내에 결정된다고 해서 '첫인상 효과'라고도 부르지요. 지원자의 복장과 외모, 또렷하고 자신감 있는 목소리도 중요하겠지만 찢어진 청바지를 입거나 진한 화장과 함께 과한 귀걸이를 착용하지 않는 이상, 겉모습에서 드러난 부분이 당락의 핵심요인은 아닐 것입니다.

그러나 '자기소개'를 잘하면 면접관에게 위력을 발휘할 수 있습니다. '자기소개해보라'는 요구는 면접의 첫 질문으로 등장할 가능성이 높고 시작부터 면접 위원들의 시선을 끌거나 호기심을 유발할 수 있기 때문입니다. 이 질문에 자신의 강점과 역량, 자랑할 만한 스토리를 잘 표현함으로써 처음부터 평가자들에게 각인되는 수험생이 되어야 합니다. '자기소개'라는 면접의 첫 단추를 씩씩하고 자신감 있는 목소리로 잘 채워야 면접의 마지막 단추까지 잘 채울 수 있다는 점을 꼭 기억하시길 바랍니다.

⟨ 3장 ⟩
장단점을 물어보면
어떻게 대답해야 할까?

　　면접관은 지원자의 장단점에 대해 왜 물어보는 것일까요? 그 이유는 지원자의 성격이나 태도, 즉 인성을 간접적으로 엿볼 수 있을 뿐만 아니라, 지원자가 전공에 대해 적합한 수험생인지도 간접적으로 파악할 수 있기 때문입니다. 이때에도 말하는 기술이 약간 필요합니다. 자신이 자랑할 만한 것은 적극적으로 어필하되 여러 가지라면 간결하게 정리해서 말하고, 단점을 물어보면 강점도 곁들여 이야기하거나 단점이나 약점을 극복하기 위해 지속적으로 노력해왔다는 표현을 쓰는 것이 포인트입니다. 장점과 단점 중에서는 '단점'을 물어보는 빈도가 높고, 장단점을 같이 물어보는 경우도 많습니다.

　　이때에도 포인트는 단점을 어떻게 극복해왔느냐에 초점을 두어야 합니다. 왜냐하면 면접관은 수험생이 자신의 단점에 대해 '어떻게 대처해왔는지' 또 '극복하기 위해 어떤 노력을 기울였는지' 알고 싶기 때문입니다.

📖 장점을 물어보면 여러 가지를 간결하게 말하라

"자신의 장점이 무엇이라고 생각하는지 말해보세요"라고 면접관이 물어보면 1개 이상을 간결하게 말하는 게 좋고 첫째, 둘째 등의 말로 시작하면 면접관이 듣기 편할 것입니다. 이때 1개 이상을 말한다고 해서 너무 길게 말해서는 안 됩니다. 자신의 장점을 사례나 스토리로 압축하되 간결하게 정리해서 말하는 것입니다. 대입이므로 결론-근거 구조로 3개 이내면 적당하다고 생각합니다. 《세계 최고의 인재들은 왜 기본에 집중할까》를 쓴 도쓰카 다카마사는 그 책의 '사고의 차이를 가져오는 맥킨지식 독서법'이란 부분에서 주장에 대한 근거를 세 가지로 들어 말하라고 합니다.

> 주장하는 바를 뒷받침하는 근거나 이유는 너무 적어도, 너무 많아도 효과는 반감된다. 한두 개는 너무 적고, 다섯 개는 필요 이상으로 너무 많다. 한두 개에서 그치는 근거는 주장하는 내용의 설득력이 떨어져 보인다. 다섯 개까지 나열하다 보면 정작 중요한 설득 포인트를 잃고 만다. 결론 메시지를 뒷받침해주는 포인트는 세 가지가 적당하다.

도쓰카 다카마사의 말은 대입 면접에서도 활용할 수가 있습니다. 장점을 물을 경우뿐 아니라 여러 가지를 말해야 할 경우가 종종 있는데 그때 '저는 그 부분에 대해 3가지로 얘기해보겠습니다. 첫째는~, 둘째는~,

마지막으로는~' 하는 식으로 말합니다. 질문 하나에 1분 이내에 답변이 좋으므로 세 개로 이루어진 결론과 근거는 간결하게 얘기하고, 답변의 마지막에는 T.O(의미, 가치, 깨달음, 느낌, 교훈, 가치)를 덧붙여 마무리하면 좋겠습니다. 시간적으로는 1분 이내, 글의 분량으로는 7~8문장 이내의 답변이 적당할 것입니다. 고려대학교 컴퓨터공학과에 합격한 어느 학생의 면접 답변을 예로 들어보겠습니다.

면접관: 본인의 장점에 대해 한번 말해보세요.

수험생: <u>저의 장점은 세 가지로 말할 수 있을 것 같습니다.</u> 첫째, 체력이 좋은 것 같습니다. 동아리에서 낚시와 관련한 앱을 만든 적이 있는데, 일주일을 3~4시간만 자면서 공부와 병행하면서 앱을 만들어도 끄떡없었습니다. 둘째, 궁금하거나 호기심이 가는 부분은 끝까지 파고들려고 합니다. 컴퓨터 프로그래밍을 공부하고 싶어 C언어 책을 독학했는데, 모르는 부분은 체크해뒀다가 학교 선생님과 ○○대학 컴퓨터 공학과에 다니는 친척형에게 물어보며 끝까지 이해하려고 노력했습니다. 셋째, 꼼꼼히 메모하고 정리하는 습관이 있습니다. 초등학교 때부터 지금까지 일기를 계속 쓰고 있습니다. 물론 지난 일기장들도 아직까지 소중하게 보관하고 있습니다. 저는 인디게임개발회사 CEO가 되는 게 꿈인데, 저의 체력과 호기심, 꼼꼼함이 저의 장점이자 꿈을 이루는 토대가 될 거라 생각합니다.

위의 답변에서는 3개의 짧은 '결론-근거'로 자신의 장점을 잘 드러내고 있습니다. 처음부터 '저의 장점은 세 가지로 말할 수 있을 것 같습니다'라고 말을 던지기 때문에 면접관들은 그 이야기의 분량이 대략 어느 정도인지도 예상할 수 있기 때문에 집중해서 들을 수 있습니다.

📖 단점은 여러 개 나열하지 마라

단점(혹은 약점)을 물어보면 살짝 '포장해서' 표현하는 점이 필요하고 굳이 여러 개를 말할 필요는 없습니다. 왜냐하면 지원자가 자신의 '단점을 극복하기 위해 노력해온 과정'에 대해 말하는 것이 포인트이기 때문입니다.

예를 들어 '저는 곰 같이 미련하다'는 표현 대신 '곰 같이 우직하다'라는 표현이 훨씬 긍정적으로 들리지 않습니까? 이처럼 '표현을 잘 하는 것'이 필요합니다. '님'이라는 단어에 점 하나만 잘못 찍으면 '남'이 되지 않습니까? 언젠가 어느 학부모님이 전화를 하셔서 "선생님, 제 딸은 성적이 우수해서 인천의 ○○교육대학교만큼은 학생부종합전형으로 붙을 줄 알았는데 면접에서 떨어졌어요. 너무 속상해서 그 이유라도 알았으면 좋겠네요"라고 말씀하셨습니다. 그래서 그 여학생을 불러 이것저것 물어보니 짐작 가는 데가 있었습니다. 그 여학생은 면접관의 질문에 너무 솔직히 대답했다는 게 요인이었습니다. 다음은 그 학생과 해당 대학 면접관 사이의 대화입니다.

> **면접관:** 학생이 스스로 단점이나 약점이라고 생각하는 부분이 있다면 한번 말해볼래요?
>
> **여학생:** 중학교 3학년 때 몸 상태가 안 좋아 학교에서 쓰러진 적이 있습니다. 스스로 생각해볼 때 체력이 다소 약하다고 생각하는데요. 그래도 집중력은 괜찮다고 생각해서 이 부분을 만회하려고 하고 있습니다. 학교에서 동아리 활동이나 봉사활동을 친구들과 열심히 하기도 했지만, 솔직히 말하면 혼자 도서관에 가서 관심 있는 내용에 대해 책을 빌려 깊이 파고들며 공부하는 것이 더 효율이 높았습니다. 요즘 핀란드의 교육방식에 대해 관심이 많은데, ○○교대에 합격하면 깊이 연구해서 논문도 작성해보고 싶습니다.

이왕이면 표현을 잘해야 합니다. 이 여학생은 '핀란드의 교육방식'에 관심이 있다는 이야기를 함으로써 '나는 초등학교 교사가 되기에 적합한 말을 했다'고 생각할진 모르겠으나, 실제는 '초등학교 학생들을 지도하기에는 약간 약점이 있어요'라고 밝힌 꼴이나 마찬가지 입니다. 초등학교 선생님은 에너지 넘치는 초등학생들과 지내야 하는 경우가 많습니다. 그런데 '혼자 연구하는 것을 좋아한다.', '체력이 약하다' 는 식의 이야기는 면접관으로 하여금 '이 학생은 교대에 와서 교사가 되기에 성격상으로 문제가 있다'라는 생각을 들게 하고, '이 학생은 초등학교 교사보다는 대학생을 대상으로 지도하거나 강의하는 대학교수가 되는 것이 더 적합하지 않을까?'하는 인식을 줄 수 있다는 점입니다.

면접은 짧은 시간 내에 자신의 장점과 미래가능성, 잠재력을 어필하기에도 부족한 시간입니다. 그런데 그 기회에 자신에게 마이너스가 되는 이미지를 면접관에게 상기시킬 필요가 있을까요?

그렇다면, 어떻게 답변하는 것이 좋을까요? 그 해답은 첫째, 단점 같지만 다른 관점에서 보면 장점처럼 들릴 수 있는 말을 하는 것입니다. 둘째, "저는 약점도 있지만, 이런 강점, 장점도 가지고 있어요!"라고 단점을 보완할 만한 강점을 함께 말하는 것입니다. 마지막으로 그 약점을 극복하기 위해 지속적으로 어떠한 노력을 해왔고, 그 결과 현재는 '~이 변화했다, 발전했다'는 표현을 해야 합니다. 다음의 답변사례처럼 말이죠.

면접관: 학생 스스로 단점이나 약점이라고 생각하는 부분이 있다면 한번 말해볼래요?

여학생: 친구들로부터 너무 신중하고 꼼꼼하다는 이야기를 들은 적이 있습니다. 꼼꼼하고 신중하니까 일의 진행 정도가 조금 느리다는 이야기이죠. 제가 속한 독서토론 동아리에서 2년간의 활동 결과물을 간단한 책으로 만들자고 의견을 모은 적이 있

는데 생각보다 시간이 길어지니까 동아리 부장이 '앞으로 공부할 것도 많은데 80% 정도만 완성해서 출판하도록 하자'고 말하는 것이었습니다. 그러나 저는 오탈자 하나 없을 때까지 이왕이면 100% 완성된 책을 만들자고 말했습니다. 제가 나머지 작업을 다 하겠다고요. 물론 일을 처리하는 속도가 더딘 점은 사안의 핵심을 더 빨리 파악하고, 제한 시간을 설정해서 일의 집중력 있게 처리하려는 노력을 계속해왔습니다. 그런데 저는 오히려 이런 꼼꼼함은 나중에 초등학교 선생님이 되었을 때 아이들에게 많은 도움이 될 수 있을 거라 생각합니다. 학생들에 대한 특징들을 디테일하게 기록으로 남겨 나중에 1:1면담에 활용하면 더 나은 교육효과가 있을 거라 생각하기 때문입니다.

📖 면접관들은 수험생의 장점을 관찰하는 사람

수험생은 장점을 최대한 부각시키려고 노력하고 단점이나 약점은 장점도 곁들여 말하든지, 지속적으로 약점을 극복하려는 노력을 하고 있다는 표현을 함께 써야 합니다. 이런 요령들만 알아도 면접에서 자신의 역량을 어느 정도 보여줄 수 있습니다. 이석록 한국외국어대 입학사정관실

장은 면접에서 '자기역량(장점)을 보여주는 것이 중요하다'고 강조하며 다음과 같이 말합니다. 대입 면접에서는 자기만이 가지고 있는 강점을 잘 표현하라는 이야기입니다.

"면접관은 지원자를 떨어뜨리기 위해 존재하는 사람이 아니라 그들의 장점을 관찰하는 사람입니다. 그렇게 생각하면 긴장을 한결 줄일 수 있을 거예요. 지난해의 경우, 한 지원자에게 취약 부분을 지적해 질문했더니 자신이 떨어졌다고 생각했는지 갑자기 울기 시작해 답변을 제대로 못했어요. 그 질문만 잘 넘겼으면 충분히 합격할 만한 학생이었지만 결국 탈락하고 말았죠. 어떤 상황에서도 침착하게 대답하려고 노력하시기 바랍니다."

동아리, 봉사, 교내외, 독서활동을 물으면 어떻게 말할까?

소비자행동이론의 대가인 티버스키와 카네만(Tversjy & Khaneman, 1977)은 '속성비교이론(Feature matching theory)'이라는 선택 모형을 제시해 노벨 경제학상을 수상합니다. 그 요지는 이렇습니다. 사람은 다수의 비교 대상을 만나면 대상의 '공통 특징'을 먼저 제거하고 차별화된 것을 선택한다는 것이죠. 다시 말해, 사람들은 비교 대상이 있을 때는 '독특하고 차별화된 것'을 선택할 확률이 높다는 뜻입니다.

대한민국의 고3이라면 동아리, 봉사, 교내외, 독서활동을 하나쯤은 합니다. 속성비교이론에 따르면 이 활동들은 '공통 특징'의 범주에 있는 것입니다. 그러므로 면접관이 이러한 활동사항에 대해 물어보면, 조금이라도 남과 차별화되는 답변이 필요합니다. 그 차별화 방법은 꽤 간단합니다. 핵심사례에 자신의 철학과 생각, 즉 T.O를 전공과 연결시켜 말하는 것으로 면접관의 이목을 집중시킬 수 있는 것이지요.

📖 핵심사건에 집중해서 말하라

동아리 활동, 봉사활동에 대해서는 구체적으로 말하되, 그중에서도 기억에 남는 핵심사건에 집중해서 말해야 합니다. 면접관은 수험생의 동아리, 봉사활동에 대한 질문으로 전공에 대한 기초소양이나 지원자의 대인관계와 인성 등을 엿볼 수 있습니다. 이때 기억해야 할 건 활동했던 경험 대부분을 말하려고 애쓰면 안 된다는 것입니다.

그렇다면 어떻게 말하는 것이 좋을까요? 맞습니다. '결론─근거─근거(사례) 및 T.O─정리'의 구조로 말하는 것이죠. 특히 사례에 부분에서는 자신이 그 활동 중에 어려움이나 갈등을 겪었다면 그 내용을 적극 포함시키는 것입니다.(언더독) 다음은 충남대 토목공학과를 포함해서 3개 대학에 모두 합격한 대전 출신 여학생의 면접답변입니다.

면접관: 동아리 활동 중에서 기억에 남는 것이 있다면 한번 말해보세요.

수험생: 동아리 친구들과 함께 '내가 생각하는 세이프티(safety)모형교량'을 만들어 30㎝ 이상의 구조물을 만드는 대회에 출전했던 것이 기억에 남습니다.(결론, 핵심사건)

친구들과 만든 '모형 교량'은 삼각형 구조를 가진 트러스교를 기반으로 구상도를 먼저 그렸는데, 나무젓가락과 고무줄을 잔뜩 쌓아두고 친구들과 세 파트로 나누어 구상도에 따라 제

작했습니다. 각자 만든 세 부분을 하나로 합칠 때가 문제였는데 '세 부분이 서로 이어지기는 할까?' 걱정도 많았고, 모형 교량을 묶었던 고무줄이 서로 엉켜 제작물이 넘어지기도 했습니다. 그래서 물리선생님께 균형에 대해 조언을 구하기도 하고 친구들과 교량의 고무줄을 풀었다, 감았다를 수십 차례 반복한 끝에 결국 교량 구조물을 완성할 수 있었습니다. 이 모형 교량 제작을 통해서 어떤 문제점이 생겼을 때는 내 방식만이 옳다고 주장하는 것이 아니라 다양한 의견과 접근방식을 살펴보아야 함을 깨달았습니다.(사례 및 T.O: 깨달음, 의미, 느낌)

면접관: 그래요? 그럼 학생은 안전한 교량을 만들 때는 결국 무엇을 최우선시해야 한다고 생각합니까?

수험생: 네. 안전한 교량은~~(부연 설명)

이 답변은 동아리 활동 중에서 '교량제작'이라는 핵심사건을 이야기합니다. 그 제작 과정을 생생하게 말하고 있습니다. 그리고 자신이 깨달은 점을 언급함으로써 '오직 나만이' 말할 수 있는 답변이 되었습니다.

📖 독서활동은 지원한 전공, 가치관(T.O)과 관련지어 말해보라

독서활동에 대해 면접관이 물어보면 '독서를 통해서 깨달은 점과 변화 오 함께 크던 작던 책의 내용을 삶에서 실천한 일'을 말하는 것이 포인트입니다. 면접관이 학생들의 독서활동에 대해 묻는 이유가 뭘까요? 지원자가 정말 그 책을 읽었는지 안 읽었는지 확인하기 위해서일까요? 물론 그럴 수도 있겠으나 대체로 전공에 관한 기초소양과 열정, 가치관이나 생각을 확인하고 싶어 합니다. 예를 들어 지원자가 평소에도 경영학에 대해 관심이 많아서 고등학교 때부터 경영학과에 진학해야겠다는 목적을 가지고, 《회계가 이렇게 쉬운 거였나?》《손자병법으로 본 경영전략》《인문학의 숲에서 경영을 만나다》와 같은 책들을 일부러 찾아 읽었다면, 면접관은 그 책들에 대해 질문하면서 지원자의 전공에 대한 관심, 열정 등을 확인할 수 있는 것입니다.

그렇다면 만약 학교생활기록부에 기록된 독서활동이 대학의 전공과 상관없어 보이는 경우에는 어떻게 해야 할까요? 예를 들어 학생부 독서활동란에는 문학작품이나 고전을 주로 읽었으나 실제로 대학지원은 '경영학과'로 지원한 경우입니다. 경영학과를 지원할 수험생이 학생부에 정평이 난 소설이나 인문고전, 과학서적을 읽은 것이 독서활동에 기록되어 있으면 면접에서 불리할까요? 그렇지 않습니다. 고전의 반열에 오른 소설이나 인문학 서적을 읽고 나서 '인간을 향한 사랑'을 깨달은 학생은 나중에 대한민국의 경제정책을 좌우하는 행정가가 되더라도 '인류애'를 바탕으로 정책을 기획하지 않겠습니까? 핵심은 '연결'해서 말하는 것이 중요하다는 점입니다.

다음은 2017년도에 디지스트 환경공학과 신입생이 된 학생이 답변 내용입니다.

면접관: 학생부를 보니, 신영복 교수님의 《감옥으로부터의 사색》을 읽었던데, 그 책의 내용이 전자공학을 연구하는 데 어떻게 도움이 될 것 같습니까?

수험생: 깊은 사색으로 세계와 끊임없이 연결하려고 노력하는 저자의 태도가 나중에 제가 전자공학을 공부하는 데 도움이 될 거라 생각합니다.(결론) 특히 책의 내용 중에 '욕설의 리얼리즘', '함께 맞는 비' 등에서는 일상에서의 예리한 관찰을 토대로 사물이나 환경을 관찰하고 삶과 연결하고 있습니다. 스티븐 스필버그 감독이 만든 〈A.I〉라는 영화에서는 사람과 유사한 로봇들은 자신의 존재의미를 찾기 위해 도망을 치고 인간에게 사랑을 구걸합니다. 로봇을 사람의 편의를 위해 만들어 놓고서는 이용가치가 없으면 버리는 인간의 잔인함도 영화에서 엿볼 수 있었습니다. 저도 대학에서 전자공학을 전공한 다음, 인공지능을 기반으로 로봇을 연구하는 과학자가 되는 것이 꿈인데, 《감옥으로부터 사색》에서 나온 말처럼 세계와의 연결 속에서 끊임없이 사색하지 않는다면 인간의 편리를 위

해 만든 저의 로봇이 오히려 인간을 공격하는 살상용 무기가 될 수도 있을 거라는 생각을 해보았습니다.(사례 및 T.O) 눈앞에 이익을 쫓는 것이 아니라 사색을 바탕으로 세상을 바라보는 저자의 태도는 장차 인공지능을 연구하는데 큰 도움이 되리라 생각합니다.(정리)

면접관: 그렇다면 생각 없는 과학자들이 일으킨 부정적인 사건이나 사례를 알고 있습니까?

수험생: 제가 아는 것으로 시어도어 카잔스키라는 살인마가 있습니다. 하버드 대학을 나온 수학교수이자 천재인데, 그 좋은 머리로 폭탄을 제조해서 많은 미국인들을 살해한 것으로 알고 있습니다.

📖 대학, 전공과 관련지어 구체적으로 말하자

면접은 지원자를 트집 잡으려는 것이 아니라 수험생을 다양한 각도에서 살펴 대학에 가장 들어맞는 학생들을 선발하는 데 그 목적이 있습니다. 면접관이 수험생의 학생부나 자기소개서를 바탕으로 물어보는데도 시원찮은 대답을 하거나 성의없는 듯 보이는 단답형의 대답만 한다면 좋은 결과를 얻을 수가 없습니다. 그러므로 일단 자기소개서나 제출한 학교 생활기록부를 여러 번 정독하는 것은 기본 중에 기본일 것입니다.

이 책을 읽고 있는 학생들은 그 기본에 머물러서는 안 됩니다. 오직 '나만이' 할 수 있는 답을 하려고 노력합시다. 그 답변은 지원자의 고등학교 생활 가운데 어떤 구체적인 맥락, 즉 핵심사건에 집중되어야 합니다. 거기에다 가치관과, 견해, 생각, 느낌 등이 담긴 전공과 어느 정도 연결된 답변이라면 금상첨화일 것입니다.

5장

학업계획, 장래(진로) 계획을 물어보면
어떻게 말할까?

면접관이 수험생에게 '입학 후 학업계획'이나 '장래계획(진로)'를 물어보는 이유는 무엇일까요? 미래는 어떻게 전개될지 아무도 모릅니다. 이 책을 읽고 있는 학생들 중에는 장차 대한민국의 대통령이 될 사람도 있고, 테슬라사의 앨런 머스크처럼 민간우주선을 우리나라 최초로 쏘아 올릴 사람이 있을지도 모르지요. 미래를 묻는 질문은 아직 이루어지지 않은 것을 묻기에 질문 자체가 추상적일 수밖에 없습니다. 다만 '입학 후 학업계획'을 묻는 질문은 상대적으로 가까운 미래를 물어보는 반면, 장래희망(계획)은 다소 먼 미래를 물어본다는 것을 숙지합시다.

질문의 내용이 추상적일수록 어떻게 말하는 것이 좋다고 했습니까? 맞습니다. 구체적으로 이야기해야 합니다. 그러므로 학업, 장래, 진로계획과 같은 '미래'의 일을 물어보면 어떤 시간단위나 기준을 가지고 '쪼개거나 혹은 나눠서' 말해야 합니다. 그래야만 면접관에게 지원자의 말에서 담긴 계획이 실현가능하고 설득력 있게 다가옵니다.

📖 미래는 어떤 단위나 기준으로 나눠서 간결하게 말하라

대학에서의 공부는 고등학교 때와는 비교할 수 없을 정도로 광범위하면서 전문적이기 때문에 오랜 시간에 걸쳐 시간 투자를 해야 합니다. 그러므로 면접에서 '입학 후 학업 계획'과 같은 미래에 대해 물어보면 '지원학과와 관련된 계획'으로 범위를 좁혀 '기준'을 설정해서 구체적으로 말하는 것이 좋습니다. 면접관이 지원자의 답변에서 '저 계획이 실제 이뤄질 수 있을까?'하는 의구심이 생기면 안 됩니다. 또 시간단위나 기준으로 나눠서 이야기하면 말이 길어질 수 있기 때문에, 짧은 분량이 아니라면 처음부터 "저는 ~가지로(단계로, 방향으로) ~에 대해 설명할까 합니다"라는 방식으로 말의 서두에서 짧게 그 숫자를 말하는 것도 좋은 방법입니다. 2017년 동국대학교 법학과에 최종 합격한 학생의 면접답변을 하나 소개합니다. 이 대답 역시 수험생이 자소서를 바탕으로 충분히 연습한 것입니다.

면접관: 입학 후 학업계획을 한번 말해보세요.

수험생: 저는 입학하면 3가지 방향에 중점을 놓고 생활을 할 것입니다. 첫째로, 법학을 공부하기 위해 기초적인 능력을 갖추기 위해 노력하겠습니다. 예를 들면 '법철학'과 '법사상사'에 대한 책들과 '헌법'에 관한 교양서적들을 정독해보려고 합니다. 또 논리적으로 말하기, 설득력 있는 글쓰기와 같은 교양수업을 통해 법학공부를 위한 기초적인 능력을 다지고 싶습니다.

두 번째는, 고등학교 때부터 해왔던 '장애인 봉사 동아리'를 지속할 생각입니다. 고등학교 때는 봉사활동을 하면서 '내가 건강한 몸으로 다른 사람들을 도울 수 있으니 감사하다'고 생각했었는데, 이젠 '사회적 약자를 돕는다는 것은 무엇인가?'라는 관점에서 봉사활동을 해보려고 합니다.

마지막으로 전공인 법학 공부 또한 누구보다 열심히 할 것입니다. 저는 형사사건 판결문에 대해 관심이 많은데, ○○대 법학과의 '○○형사판례연구회'에 들어가서 판례분석, 사례 적용 등을 공부하고 모의재판에도 적극 참여하려 합니다. 이런 과정들은 장래 형사사건전문 변호사를 꿈꾸는 저에게 많은 도움이 되리라 생각합니다.

위 학생의 답변이 훌륭한 이유는 '기초적인 소양, 정신적인 면, 전공'의 3가지 기준으로 쪼개어 입학 후 학업계획을 설명했기 때문입니다. 특히, 전공에 대해 이야기할 때 그 대학 법학부에 원래부터 있었던 '○○형사판례연구회'란 동아리를 언급함으로써 '오래전부터 지원한 대학과 전공에 대해 관심을 기울이고 있었다'는 것을 드러냅니다.

📖 구체적으로 말할수록 면접관에게 신뢰감을 준다

장래계획(희망)을 묻는 질문 역시 추상적이므로 구체적으로 대답해야 좋은 평가를 얻을 수 있습니다. 학생이 말하는 장래가 면접관의 머릿속에도 그림처럼 그려져야 합니다. 또한 그 답변에는 지원한 전공에 대한 열정, 의지가 담겨 있어야 합니다.

이때에도 '나누어, 구체적으로 말하기'를 적용한다면 답변을 쉽게 이끌어갈 수 있습니다. 대학 졸업 전과 졸업 후로 구분한다든지 아니면 관련분야로 진출해 있는 자신의 모습을 상상해보면서 10년 후, 20년 후, 30년 후 등으로 나눈다면 막연하고 두리뭉실한 답변을 피할 수 있지 않을까요?

아래는 2017년도에 중앙대학교 문헌정보학과에 합격한 학생의 답변 내용입니다.

면접관: 장래계획이나 미래의 자신에 대해 한번 말해보세요

수험생: <u>저는 20~30년 뒤에 세계 최대의 디지털도서관 관장이 되어 있을 것입니다.</u>(결론) 그 꿈을 이루기 위해 '빅데이터'에 주목하여 크기, 속도, 다양성의 특성을 지닌 빅데이터를 연구하고 싶은데, 중앙대학교에서 열심히 공부해서 미국의 실리콘밸리나 유럽의 선진국으로 유학을 가고 싶습니다. 유학을 다녀온 저는 '디지털도서관'에 관한 국내 최고의 전문가가 되어 학부

나 대학원생들을 상대로 '특강'을 하고 있을지도 모르겠습니다. 그 특강 주제는 저의 평생 관심사인 '디지털도서관, 정보소외계층의 정보욕구해소를 위한 대책'일 것입니다.

<u>또 제가 국내 최대의 디지털도서관 관장이 되어서는</u> 250만 장애인들을 배려한 전용 도서관도 세계 최대 규모로 설치할 것입니다(결론). 고등학교 때 장애인을 위한 정보화 교육 봉사를 하면서 장애인들에 대한 IT기술의 배려가 미흡하다고 느꼈습니다. 수많은 별 속에서 여행자들을 인도하는 북두칠성처럼 정보 속에서 이용자들을 인도하는 정보패스파인더의 역할을 하는 세계 최대의 디지털도서관 관장이 될 것입니다.

위 답변은 결론부터 '세계 최대의 디지털도서관 관장'이 되겠다는 구체적인 포부의 결론으로 시작하고 있습니다. 미래의 계획을 시간단위는 아니지만 '목표를 이루기 위한 과정 단위'로 쪼개어 설명하고 있습니다. 이처럼 질문이 추상적일수록 대답은 구체적이어야 합니다. 위의 답변내용이 첫 번째 단락에 그쳤다면 여기까지 대답을 들은 면접관은 수험생이 정말 그런 직업이나 진로를 가고 싶은지 의심할 수도 있습니다. 그러나 위 답변은 "또 제가 국내 최대의 디지털 도서관 관장이 되어서는~"이라고 한 단계 더 들어가서 자세한 내용을 이야기하고 있습니다. 그 결과 답변의 신뢰가능성이 더 커졌습니다.

일본의 논술교육자인 히구치 유이치는 자신의 저서 《지루하게 말해 짜증나는 사람, 간결하게 말해 끌리는 사람》에서 말은 강조하고 싶은 사항에 대해서만 구체적으로 설명하는 것이 중요하다고 강조하며 '카메라의 시점'을 비유로 듭니다.

구체적인 예를 들 때는 '카메라의 시점'을 반드시 기억해둬야 한다. 들에 피어 있는 꽃을 찍고 싶을 때 들판 전체를 찍는다면 정작 중요한 꽃은 눈에 잘 띄지 않을 것이다. 이 경우에는 꽃만 클로즈업해서 찍는 것이 훨씬 효과적이다. 이와 마찬가지로 말을 할 때에도 강조하고 싶은 사항에 대해서만 구체적으로 설명해야 한다. 그 외의 사항에 대해서는 가볍게 흘려보내도 좋다. "어제 산에 올랐더니 신록이 가득했다"라는 표현도 그다지 인상적이지 않다. 하지만 "산에 올랐더니 오통 푸른 풍경 가운데 빨간 진달래가 피어있었다"라고 하면 선명한 영상이 머릿속에 그려진다. 이와 같이 이야기하고자 하는 것에 대해 구체적으로 설명하면 상대방이 보다 쉽게 이해할 수 있다.

📖 구체적으로 자신의 미래에 대해 어필하라

"어떻게 열정과 의지를 면접관에게 보여줍니까?"라는 질문을 받을 때가 많습니다. 목소리를 크게 해서 대답한다고 열정적으로 느껴질까요? 눈에 힘을 준다고 의지가 있어보일까요? 물론 큰 목소리에서 나오는 자신감과 합격하고자 하는 간절한 열망에 가득한 눈빛도 중요합니다. 그러나 무엇보다 중요한 것은 구체적이면서도 지원한 학과와 관련 있는 근거로 무장된 답변입니다.

미래는 누가 어떻게 될지 아무도 모릅니다. 그러므로 수험생은 미래와 관련된 질문을 받으면 자신이 지원한 대학과 전공에 대해 관심과 열정을 가지고 있다는 것을 막연하게 이야기하는 것이 아니라 어떤 기준이나 시간단위를 가지고 '구체적으로' 말하려고 노력해야 될 것입니다. '그 미래계획이 과연 현실가능성이 있을까?'하는 의문을 면접관에게 주어서는 안된다는 것이 답변의 핵심입니다.

〈 6장 〉
지원동기, 학생이 선발되어야 할 이유,
왜 우리 대학인가?

"지원한 동기를 말해보세요" "왜 하필이면 우리 대학 ○○과에 합격하고 싶은가요?" "학생이 선발되어야 할 이유는 무엇이라고 생각하나요"라고 면접관이 물어볼 수 있습니다. 위 질문들을 던지는 의도 역시 간단합니다. 한마디로 말하면, 전공에 대한 관심과 열정을 확인하기 위해서이지요. 그러므로 이런 질문에 '즉흥적'으로 답변한다는 것은 '나는 이 대학도 지원한 다른 대학들과 비슷하게 생각해요'라고 표현하는 것과 마찬가지입니다.

수시에서 여섯 번을 지원할 수 있는 요즘, 면접관의 입장에서는 지원자가 다른 대학에 가서도 '비슷한 내용으로' 말할 수 있는 답변에 매력을 느끼지 못합니다. '지원동기'와 '학생이 우리 학교에 선발되어야 할 이유', '그중에서 왜 우리 대학인가?'에 대해 물어보면 어떻게 말하는 것이 좋을지 차근차근 살펴보도록 하죠.

📖 지원동기(○○ 학과에 왜 지원했나요?)

'동기'라는 것은 곧 '관심을 가지게 된 계기와 과정'을 말하는 것이고 '열정'으로 서서히 발전합니다. 그러므로 '지원동기'를 물어보면 면접관의 질문에 '결론—근거(사례)및 T.O—정리'의 구조로 답변하되 지원 학과에 대한 관심과 열정을 보여주는 활동사례를 근거 삼으면 좋습니다. 성신여자대학교 식품공학과를 합격한 A와 홍익대학교 법학과를 합격한 B의 답변내용을 예로 들겠습니다.

이 두 대답은 자신이 경험한 내용을 활용해서 전공에 대한 관심과 열정을 잘 드러내고 있습니다. 결국은 '저는 이 대학과 전공에 잘 들어맞는 사람이에요!'라는 것을 자신의 강점이나 역량으로 포장해서 적절히 표현해야 할 것입니다.

면접관: 지원동기에 대해 한번 얘기해보세요.

A수험생: ① 저는 유기농 먹거리로 음식을 만드는 식품연구원이 되는 것이 꿈인데, 그 과정을 ○○대학 ○○공학과에서 이루고 싶습니다.(결론) ② 건전한 먹거리는 인간의 질병을 사전에 예방할 수 있다고 생각하기 때문입니다.(근거) ③ 고등학교 1학년 때 병원에서 장 수술을 받아 6개월 동안 학교를 나가지 못한 적이 있었는데 병원에 있는 동안 '내가 이렇게 탈이 나게 된 근본적인 이유가 뭘까?'하고 깊이 생각해보았습니다. ④ 그

결과 '내가 먹는 음식이 곧 나를 만드는 구나'하는 깨달음을 얻었고 건강을 지키려면 체계적이면서 과학적인 영양 관리가 필요하다고 느꼈습니다. ⑤ 그때, 식품공학과를 처음 알게 되어서 ○○대학교 식품공학과에 대해 홈페이지에 들어가 이것저것 살펴보니 '유기농 먹거리'와 '미래세대 먹거리'에 대해 중점적으로 연구하고 있음을 알게 되었습니다. ⑥ 그 자료들을 클릭하면서 '이거 진짜 공부하고 싶다'는 생각에 가슴이 뛰었습니다.(사례 및 T.O) ⑦ ○○대학 ○○학과에서 열심히 공부한 다음 건강한 유기농 식재료로 각종 질병을 예방하는 식품연구원이 되고 싶은 간절한 바람이 ○○대학 ○○공학과에 지원한 동기입니다.(정리)

B수험생: ① 저는 서민들을 위한 공익변호사가 되는 것이 꿈인데, ○○대학교에서 그 기초를 제대로 배우고 싶기 때문입니다.(결론) ② 공익변호사가 되면 적어도 제가 아는 범위의 사람들은 억울한 일을 당하지 않겠다는 생각을 해보았습니다. ③ 제가 법학과에 지원한 결정적인 계기는 고등학교 3학년 춘계 소풍으로 광주고등법원의 형사재판 방청이었습니다. ④ 재판은 폭행 사건으로 피고인은 정당방위를 주장했지만 검사에 의해 쌍방 폭행으로 몰려 형사처분을 받을 위기였고, 변호사는 "당시 상대는 깨진 소주병을 들고 있었기 때문에 피고인은 위협을 느

끼고 주먹을 휘두를 수밖에 없었다"고 변호했습니다. ⑤ 그 변호사는 치열한 변론 끝에 무죄판결을 받아내었고 피고인의 억울함을 대변하는 모습에 깊은 감명을 받았습니다. ⑥ 저는 이제껏 '변호사'는 돈 많고 부당하게 죄지은 사람들을 대변하는 사람들이라는 부정적인 인식이 강했었는데, 사회적 약자가 분쟁에 휘말렸을 때 직접 도울 수 있는 직업이 변호사라고 생각하니 법학을 전공하고 싶다는 생각이 들었습니다.(사례 및 T.O) ⑦ ㅇㅇ대학교 법학과에서 열심히 공부해서 논리적 사고방식과 기초법학을 제대로 익힌 다음, 로스쿨에 진학해서 인권과 공익전문변호사의 길을 가고자 하는 것이 ㅇㅇ대학 법학과에 지원한 동기입니다.

📖 지원자가 선발되어야 하는 이유를 말해보라

이 질문은 '나는 이미 준비되어 있는 학생'이라는 이미지를 심어주는 것이 좋은 전략입니다. 예를 들어볼께요. X, Y 두 학생이 있습니다. X학생은 Y학생보다 성적이 뛰어나고 학교에서 전교 부회장을 할 정도로 교내외 활동에 열심이었으며 공익광고 영상제작 동아리를 했습니다. Y학생은 X학생보다 내신 성적이 좋지 않지만 교내 일본어발표대회에서 1등을 했고, 일본어경시대회를 나가 은상을 수상한 경험이 있으며 일본 애니메 이션 감상 및 회화 동아리를 오랫동안 했다고 합시다.

만약 이 두 학생이 ○○대학 일어일문학과에 지원을 했다고 할 때, 여러분이 일어일문학과 교수나 입학사정관이라면 누구를 선발하고 싶습니까? Y수험생이 X보다 내신 성적이 약간 떨어지더라도 Y를 선발하지 않겠습니까? 왜냐하면 X보다 Y가 '이미 준비된 수험생'이라는 느낌을 주기 때문입니다.

실제로 X, Y 학생은 숙명여자대학교 일어일문학과 면접에서 다음과 같이 말했습니다.

> **면접관:** 학생이 우리 학과에 선발되어야 할 이유가 뭐라고 생각 하나 요?
>
> **X수험생:** 저는 사교성이 좋고 적극적이기 때문에 일본어를 공부해서 일본과 교류하는 데 도움이 되고 싶습니다. 저는 학교 친구들 로부터 리더십이 있다는 말을 많이 들었습니다. 일본어를 열 심히 공부해서 한일간의 외교 문제를 다루는 외교관이 되고 싶습니다.(일반적이고 막연하며 전공과 구체적으로 관계없는 답변)
>
> **Y수험생:** ① 저는 일본과 일본어 공부에 관해 어릴 때부터 관심이 많았 는데, 그 이유는 이 분야를 전공해서 미래에 한일문제를 다루 는 외교관이 되려고 일찍부터 마음먹었기 때문입니다.

⋮

② 중학교 때부터 일본 애니메이션이나 드라마를 보면서 대사를 따라 외우는 것이 취미였습니다. ③ 특히 중학교 때는 〈이웃집 토토로〉와 〈하울의 움직이는 성〉〈센과 치히로의 행방불명〉 등 다양한 애니메이션을 보면서 소리내어 따라 읽기를 했고, 고등학교 때 일본어 원어민 선생님께서 수업시간이 끝나기 20분 전에 항상 '일본어로 대화하기' 시간을 주셨는데 그때는 전교생 중에 아마 제가 제일 열심히 참여했다고 생각합니다. ④ 저의 일본어에 대한 관심은 교내 일본어발표대회나 경시대회에서 좋은 결과를 가져왔습니다.(사례 및 T.O) ⑤ 이런 경험들로 볼 때 저는 ○○여자대학교 일어일문학과에서 공부하기 위해 준비된, 누구보다도 열정을 가진 지원자가 아닌가 생각합니다.(전공과 구체적으로 관계있는 답변)

📖 그중에서 왜 우리 대학인가? 다른 학교는 어디에 지원했나?

만약 지원자가 우수한 학생이라면 여러 대학에 중복 합격할 가능성이 크므로, 면접관의 입장에서는 지원자가 '우리 대학에 정말 오고 싶어 지원한 것인가? 아니면 합격해도 다른 대학으로도 가버리지 않을까?' 하는 궁금증이 있을 것입니다. 이 질문에는 '그 대학과 전공'에 대한 구체적인 관심을 표현해야 합니다. 나아가 'A대학과 B대학에 동시에 합격하면 어떻게 하겠는가?'라고 묻기도 합니다. 만약 A와 B대학이 합격하고 싶은 선호도가 비슷하다면 면접을 보는 그 대학에 반드시 합격하고 싶다고 말하는 편이 좋습니다. 결국, 지원한 전공에 대한 열정과 관심을 얼마나 표현하느냐가 답변의 관건입니다.

📖 대학의 인재상에 부합하는 답변을 하라

경희대학교 임진택 입학책임사정관은 '대입 수시를 어떻게 준비하면 좋냐?'는 질문에 다음과 같이 말했습니다.

> "지원자는 교육환경의 어떤 점이 지원학과를 좋아하게 만들었는지, 지원학과에 입학하기 위해 어떤 준비를 해왔는지에 대해 자신만의 방식으로 표현할 필요가 있습니다. 자기 존중과 성찰을 바탕으로 지원학과에 대한 관심과 활동을 꾸준히 쌓아온 학생, 즉 열정을 갖고 삶을 주도적으로 살아가는 학생을 찾습니다."

이 말에서 포인트는 '관심, 준비, 열정'입니다. 그중에서도 면접관은 '어떤 교육환경에서 어떤 계기로, 얼마나 전공에 관심을 가지고 준비해왔느냐'를 물어본다는 것입니다. 이런 질문들에 대해서도 말할 스토리나 키워드를 미리 준비해놓지 않았다면, 자신의 대학과 전공에 대한 열정과 관심을 마음먹은 만큼 표현하기가 힘듭니다.

〈 7장 〉
마지막으로
하고 싶은 말이 있나요?

면접을 마치고 나오면서 "어휴, 그 말은 꼭 하고 나왔어야 했는데 긴장해서 준비한 것도 제대로 표현하지 못했네요"라고 볼멘 소리를 하는 학생들이 있습니다. 면접관은 "마지막으로 하고 싶은 말이 있나요?"라는 질문으로 지원자가 면접의 과정 전반에서 충분히 표현하지 못한 말은 없는지 기회를 주려고 하는 의도입니다.

좋은 첫인상을 면접관들에게 주는 것도 중요하겠지만 '유종의 미' 또한 중요합니다. 그러므로 "마지막으로 하고 싶은 말이 있나요?" 하고 물어보면 지원자들은 '나에 대해서 어필할 수 있는 마지막 찬스다'라고 생각하고, 자신의 역량이나 강점을 임팩트 있으면서도 밀도 있게 전달해야 합니다.

📖 합격하고자 하는 포부, 의지, 간절함을 보여라

'마지막으로 하고 싶은 말'에서도 대학에 합격하고자 하는 자신의 열정이나 포부를 압축적으로 보여주면 좋습니다. 다음은 어느 수험생이 해군사관학교에 입학하기 위해 노력한 과정을 어필한 '마지막으로 하고 싶은 말'의 내용입니다.

> **수험생:** 제가 비록 다른 수험생들에 비해 지적인 면이나 체력적인 면에서 부족하다는 것을 잘 알고 있습니다. 하지만 제가 지금 ○○사관학교 체력검사를 통과하기 위해 17kg을 빼고 왔습니다. 제가 지원을 결심하면서 달라져 왔듯이 입학 후 점점 변화해가는 모습 보여드리도록 하겠습니다.(2016년도 학생부종합전형 사례집에서 발췌, 인천광역시 교육청 진로진학지원센터)

위의 답변은 지원한 학교에 합격하기 위해 체력을 기른 과정을 구체적으로 이야기하면서 면접관들에게 좋은 인상을 주고 있습니다. 그렇다면 이제 그 관심과 열정을 뒷받침할 만한 '근거'가 필요합니다. 그 근거들은 주로 어디에 있을까요? 멀리서 찾을 필요가 없습니다. 고등학교 때의 생활, 동아리 활동이나 봉사활동, 진로활동, 탐구활동 등에서 쉽게 찾을 수 있습니다. 단, 그 활동 중에서 특히 기억에 남는 핵심사건에 집중해서 구체적인 답변을 해야 할 것입니다.

📘 자신의 장점이나 역량을 지원학과와 관련해서 말해보라

'마지막으로 하고 싶은 말'에 자신의 강점이나 장점을 지원학과와 연관 지어 말하면 좋습니다.

다음은 대구 디지스트에 합격한 지원자의 답변사례입니다.

> **수험생:** 저는 어렸을 때부터 가정환경이 좋지 못했습니다. 어릴 때 부모님이 이혼하시고 경제적으로도 어려웠습니다. 그러나 저의 환경을 탓한 적은 단 한번도 없습니다. 저는 항상 저보다 더 어렵고 진짜 힘든 친구들이 더 많다고 생각했습니다. 이런 생각은 제가 환경에 개의치 않고 학생으로서 본분을 다할 수 있었던 원동력이었고 저의 긍정적인 사고와 노력, 끈기, 열정이 저를 여기까지 오게 해줄 수 있었던 것 같습니다. 이런 마인드와 가치관은 제가 다른 학생들에 비해 두드러지는 강점이라고 생각합니다. 이런 강점을 살려 디지스트에 오게 되면 저의 꿈을 반드시 실현할 수 있다고 생각합니다.

위 답변은 '마지막으로 하고 싶은 말'에 자신의 끈기와 긍정적이고 열정적인 성격의 장점을 어필하고 있습니다. 그러면서 장점을 대학에서도 계속 살리겠다고 말하면서 대학과의 연결지점 또한 공략하고 있지요. 이처럼 만약에 '마지막으로 하고 싶은 말이 있나요'라는 질문에 대해 준비를 못했을 경우에는 자신의 '장점'을 응용해서 말하면 됩니다. 이 책에서 저는 '대학마다 자주 출제되는 기본 질문들을 준비하라'고 계속 강조하는데, 그 질문들 중에는 '장점과 단점'도 포함되어 있기 때문에 그 부분을 응용하는 것입니다.

📖 비유나 재미있는 말로 임팩트를 줘라

'마지막으로 하고 싶은 말'에 비유를 활용해서 마무리를 한다면 면접관의 기억에 각인될 수 있을 것입니다. 다음 답변들은 숭실대학교와 서울대학교에 각각 합격한 학생이 면접장에서 발언한 '마지막으로 하고 싶은 말'입니다.

> **수험생:** 제가 숭실대에 다니게 된다면 '숭실대의 뽀로로' 같은 존재가 되고 싶습니다. 평소 사람들은 뽀로로를 아무 생각 없이 재미있게 봅니다. 하지만 자세히 들여다보면 뽀로로에겐 부모님

⋮

이 안 계시는 안타까운 상황 배경이 있습니다. 그럼에도 불구하고 그는 긍정적인 에너지를 발산하여 많은 어린이들에게 즐거움과 행복을 줍니다. 저도 힘든 시기를 많이 겪었지만 그것을 극복하였으니 앞으로는 뽀로로처럼 많은 사람들에게 꿈과 희망을 줄 수 있는 그런 존재가 될 것입니다.(출처: 2016년도 학생부종합전형 사례집, 인천광역시 교육청 진로진학지원센터)

수험생: 저는 그토록 원하던 ○○대학에 합격한다면 '쓰리(숫자 3) 근육맨이 될 것입니다. 첫째는 공부근육맨입니다. 대학은 강제성이 고등학교에 비해 없으므로 스스로 파고들며 공부해야 해서, 제가 전공할 심리학을 누구보다 깊이 파고드는 공부근육맨이 될 것입니다. 둘째는 봉사근육맨입니다. 입학하면 고등학교 때부터 했던 공부재능기부 봉사활동을 더 열심히 해서 봉사근육을 더 키우도록 할 것입니다. 셋째는 ○○대학이 자랑할 만한 도전근육맨이 될 것입니다. ○○대학에서 기초를 잘 배워 심리학 분야에서 세계적인 석학이 되기 위해 도전하고 또 도전하려고 합니다.

📖 '자기소개' 내용을 응용해서 말하라

혹시 '마지막으로 하고 싶은 말'을 준비하지 못했다면, '자기소개'의 내용을 응용해서 말해도 훌륭한 마무리가 될 수 있습니다. 물론 '자기소개해 보라'는 질문을 받지 않았을 때를 전제로 해서 말입니다. '자기소개 해보세요'라는 질문에는 자신의 강점이나 역량, 전공에 대한 열정에 대해 얘기하는 것이 핵심이므로, 결국 마지막으로 하고 싶은 말도 자신의 강점이나 역량, 꼭 이 대학에 합격하고 싶다는 의지와 열정을 섞어 말하는 것이 좋겠습니다.

C수험생 자기소개:

안녕하십니까. 제 어머니는 제가 의사나 약사가 되길 원하시고, 아버지는 한의사가 되길 원하시지만 저는 인공지능이 결합된 자율주행 무인자동차, 전기배터리로 오랫동안 움직이는 자동차를 만들고 싶어 ○○대학교 자동차공학부에 지원한 ○○고등학교 3학년 ○○○입니다. ○○대학교 자동차공학부에서 열심히 공부해서 독일의 벤츠사나 BMW사에서 만드는 최첨단 자동차를 능가하는 차량을 꼭 만들고 싶습니다.

→ C수험생 '마지막으로 하고 싶은 말'로 변형:

면접관님, 제 어머니는 제가 의사나 약사가 되길 원하시고, 아버지는 한의사가 되길 원하시지만 저는 인공지능이 결합된 자율주행 무인자동

차, 전기배터리로 오랫동안 움직이는 자동차를 만들고 싶어 ㅇㅇ대학교 자동차공학부에 지원한 ㅇㅇㅇ입니다. ㅇㅇ대학교 자동차공학부에서 열심히 공부해서 독일의 벤츠사나 BMW사에서 만드는 최첨단 자동차를 능가하는 차량을 꼭 만들고 싶습니다. 저의 열정과 꿈을 꼭 기억해주십시오. 오늘 제 얘기를 끝까지 들어주셔서 감사합니다!

📖 마지막 찬스를 놓치지 마라

최근에 "마지막으로 하고 싶은 말 있나요?"라고 물어보는 경우가 종종 있습니다. '마지막으로 하고 싶은 말'은 '라스트(last)찬스'라고 인식해야 합니다. 그런데 이 기회를 활용하지 못하고 "없습니다" "수고하셨습니다" "제 얘기를 끝까지 듣느라 고생하셨습니다"라는 단순한 말을 해서는 안 되는 것이죠.

면접관이 '마지막으로 하고 싶은 말'을 물어보는 이유는 '끝까지 들어주셔서 감사하다'는 인사말을 들으려는 것이 아닙니다. 면접의 과정에서 수험생이 미처 하지 못한 말은 없는지, 만회할 기회를 주는 것입니다. 만약 면접의 분위기가 좋다면 설령 질문자가 "마지막으로 하고 싶은 말이 있나요?"라고 물어보지 않더라도 수험생이 "교수님, 마지막으로 한 말씀

만 드려도 괜찮겠습니까?"라고 조심스레 여쭤보는 것도 괜찮을 거라 생
각합니다. "이만하면 된 것 같아요"라고 답변을 막더라도 지원자로서는
자신의 적극적인 태도를 보여줬으니 득이 되었으면 되었지, 손해는 아닙
니다.

〈 8장 〉
대답하기 난처한 질문에는
어떻게 대처하는 것이 좋을까?

"학생부에 무단결석이 있네요. 그 이유가 뭔지 한번 설명해보세요"라는 질문을 받았다고 합시다. 물론 공부를 열심히 하던 어느 날, 인생에 대한 진지한 철학적 고민과 방황으로 거리를 잠깐 방황했을 수도 있겠죠. 그런데 중요한 사실은 뭐냐면, 그 무단결석이나 조퇴와 같은 기록이 학생부종합기록부에 고스란히 남는다는 점입니다.

이 부분은 지원자의 성실성과 지원자의 공동체에서의 책임의식을 반영하기 때문에 입학사정관들은 눈여겨볼 수밖에 없습니다. 출결의 하자가 있음에도 불구하고 면접관이 일단 수험생을 면접에 불렀다는 것은 지원자에 대한 관심이 있다는 의미로 해석됩니다. 지원자는 학생부에 적힌 사실에 대해서 솔직히 인정하는 태도가 필요합니다. 그런 다음, 구체적인 설명을 통해 면접관들의 의심을 불식시켜야 합니다.

📖 일단 솔직히 인정하라, 그리고 그 이유를 설명하라

2016학년도 동국대학교 국제통상학부 면접에서 입학사정관이 지원자에게 다음과 같이 물었습니다. "일본어와 기술, 과정과목이 다른 과목에 비해 성적이 저조한데 그 이유가 뭐죠?"

이때 그 수험생은 해당 과목 성적이 낮음을 인정하고 대학에 가서는 열심히 공부하겠다는 포부를 드러냄으로써 순발력 있게 대처했다고 합니다. 또 다른 예로, 고등학교 교과목 중에서 영어나 수학성적이 타 과목에 비해 유독 떨어진다는 사실은 '영포자'(영어를 포기한 자의 줄임말)나 '수포자(수학을 포기한자의 줄임말)'가 아닌지 의심을 살 수 있습니다. 지원자가 대학에 입학하고 나서, 전공 공부가 예상과 달리 힘들다고 고등학교 때의 수학이나 영어과목처럼 쉽게 포기해버리면 그 대학으로선 처음부터 다른 학생을 선발하는 것이 옳을 테니까요.

그렇다면, 이와 같은 경우에는 어떻게 대답하는 것이 좋을까요? 첫째, 비록 고등학교 때는 영어 성적이 좋지 못했지만 결코 영어를 포기한 것은 아니라는 말을 해야 합니다. 둘째, 구체적인 대안을 제시합니다. 예를 들어 "대학에서는 전공교재에서 영어를 많이 사용하므로, 입학 전 남는 시간에 영어를 미리미리 공부하겠습니다"와 같은 대안과 대책을 담은 답변을 하는 것입니다. 즉, '저는 문제 상황과 그 원인을 충분히 인지하고 있으며 나름 대책도 세우고 있어요'라는 표현을 하는 것입니다.

면접관은 지원자의 출결에 대해서도 물어볼 수 있습니다. 사실 어느 입학사정관이 학교생활기록부에 무단으로 결석하거나 지각, 조퇴한 학생을 긍정적으로 바라볼 수 있겠습니까? "2학년 때 무단결석(지각, 조퇴)이 두 번 있네요? 그 이유가 뭔가요?"와 같은 질문이 바로 그것입니다. 이와 같은 질문의 의도는 지원자의 성품이나 성실성이 의심되기 때문입니다.

쉽게 말하면 지원자가 '대학에 와서도 무단으로 수업을 빠지거나 지각을 자주하는 것은 아닐까?'하는 의구심이 들기 때문입니다. 따라서 그런 질문을 받은 수험생은 그때 왜 결석을 했는지, 왜 그럴 수밖에 없었는지를 면접관에게 상세히 설명해야 합니다. 만약 특별한 이유가 없다면, 결석을 해야만 했던 상황을 설명하면서 '그런 일은 앞으로 발생하지 않을 것'이라는 다짐을 말하는 것도 일종의 요령입니다.

이런 기록에도 불구하고 면접에 갔다면 오히려 기회로 작용할 수 있습니다. 생각해보세요. 서류에 나타나 있는 출결의 흠결에도 불구하고 면접장까지 지원자를 불렀다는 것은 관심이 있다는 뜻이 아니겠습니까? 그런데 면접관이 묻는 질문에 대해 '왜 이렇게 내 약점을 잡는 건가?'하고 부정적인 생각에 사로잡히면 안 됩니다.

2017학년도 단국대학교 식품공학과 학생이 된 여학생에게 면접관이 "학생부를 보니 질병으로 인한 결석일수가 제법 많은데 그 상황을 자세히 설명해줄래요?"라고 물어보았습니다. 이 여학생은 질문에 위축되지 않고 다음과 같이 대답합니다.

수험생: 저는 2학년 때 수술로 인해 한동안 학교에 갈 수 없었던 상황이 있었습니다. 그런데 그 시기에 기말고사가 있어서 2학기 기말고사를 보지 못했고 중간고사 성적의 80%가 기말고사 성적으로 들어가게 되었습니다. 그렇게 몸도 힘들고 성적도 걱정되어 지쳐있을 때 《오프라 윈프리의 희망 메시지 365》라는 책을 읽었습니다. 그 책에는 "끊임없이 지속되는 유일한 것은 변화이고, 유일한 죄악은 머물러 있는 것입니다"라는 구절이 있었습니다. 그 책을 읽고 난 뒤 '지금 내가 이 상황에서 할 수 있는 것은 무엇인가?'라는 고민을 많이 했습니다. 학교를 갈 수 없었으므로 계획을 짜서 오전에는 인터넷 강의로 수업을 듣고 오후에는 문제를 풀었습니다. 직접 시간표를 짜니 충분한 휴식도 취하면서 효율적으로 공부도 할 수 있었습니다. 이번 일을 계기로 학습계획을 세우고 공부하는 것과 어떤 상황이라도 포기하지 않고 노력하는 것이 중요하다는 것을 깨달았습니다.

이 답변을 들은 면접관들은 병실에서 아픈 몸이지만 공부를 포기하지 않으려 애쓰는 어떤 학생의 모습을 선명하게 그렸을 것입니다. 이처럼 자신의 위기나 부족한 점이 있더라도 잘만 활용한다면 오히려 플러스 요인으로 작용할 수 있습니다. 중요한 건 그런 약점이라고 생각될 부분에 대해 면접관이 물어볼 것을 대비해서 대답할 내용을 대강이라도 구성해 놓고 기다려야 한다는 것입니다.

📖 면접관의 의심을 불식시켜라

개선하겠다는 목표를 가지고 오랫동안 노력해왔다면 모를까 웬만해서는 잘 변하지 않는 것 중 하나가 인간의 생활 태도와 습관, 성격같은 것입니다. 그러므로 면접관들은 지원자의 답변 속에서 '개선의지'나 '약점보완'을 위해 노력해온 내용들에 대해 듣고 싶은 것입니다. 그러므로 면접관들은 다음과 같은 질문들을 수험생에게 던질지도 모릅니다.

> **면접관:** ① 동아리 활동이 진로나 전공과는 전혀 상관없어 보이는데요? ② 어학에 소질이 많다고 학교생활기록부에 기록되어 있고 경제에 관해 특별히 활동한 일은 없어 보이는데, 어문계열이 아닌 경제학부를 지원한 이유는 뭔가요? ③ 학교생활기록부 기록을 보니까 진로 희망이 학년이 올라갈 때마다 계속 바뀌고 있는데 그 이유는 뭔가요?

①의 질문에는 자신의 동아리 활동이 전공과 어떤 식으로든 관련 있

다고 연결지어 봅시다. 4차 산업혁명으로 인해 인문학과 과학의 경계가 사라지고, 문이과의 구분이 모호한 '통섭'의 시대에 서로 관련되지 않은 교과목이나 고등학교 활동은 없습니다. 인문계 논술문제에서 수학과 사회과목의 표나 그래프, 문학작품, 영어지문이 뒤섞여 출제되니까 '통합논술'이라고 부르는 것처럼 말이죠. 예컨대 학교에서 연극 동아리를 열심히 한 학생이 경영학과에 지원했다고 가정합시다. 그렇다면 무대경험을 통해 배운 적극성과 표현력을 나중에 기업 간 거래에 있어 '협상'과 '상품 프레젠테이션'에 적극 활용하겠다고 말하면 좋지 않을까요? 모든 것은 연결해서 생각하기 나름이니까요.

②의 질문의 의도는 지원자가 본인의 적성과 상관없이 억지지원을 한 것 아닌가 하는 의문 때문입니다. 이때도 "열심히 외국어를 공부해서 세계의 국제금융기구에서 외국인과 자유롭게 소통하며 일하고 싶습니다"와 같은 표현을 하면 되지 않겠습니까? 질문과 조금이라도 관련 있는 답변의 소재들을 응용하고 서로 연결해보라는 것입니다. 학생부에 적힌 자신의 기록들이 지원한 대학전공과 직접적으로 관련이 없더라도 '어떻게 하면 관련지어 말할 수 있을까'하고 고민해보라는 겁니다.

③의 질문도 수험생이 전공에 대한 명확한 목표나 비전을 가지지 않고 지원한 것은 아닌지 확인하려는 의도가 숨어있습니다. 이때는 진로가 변하게 된 이유를 구체적인 근거를 들어 설명하면 됩니다.

면접시험을
위한
수험생의
태도와
마음가짐

SUCCESS... 99%

〈 1장 〉
원서를 접수한 후에는
어떻게 연습하는 것이 좋은가?

학생부종합전형 원서를 접수하고 나면, 면접까지는 보통 한 달 가량의 기간이 남아있습니다. 이 기간에 면접 준비를 열심히 해야겠지만, 특히 효율적으로 준비하는 것이 필요합니다. 그렇다면 어떤 방법으로 연습하면 좋을까요? 크게 2가지로 나눌 수 있습니다.

첫째, 예상 질문과 관련 있는 답변노트를 바탕으로 실전같이 연습해보고 둘째, 학교활동기록부나 자기소개서, 준비한 노트의 내용을 바탕으로 이미지 트레이닝을 해보라는 것입니다. 마지막으로 실제 시험장에 갈 때까지 '반드시 합격해야만 해'와 같은 각오보다 '난 잘할 수 있어'라고 스스로를 격려하라는 것입니다.

📖 실전같이 연습해보라

학생부종합전형 원서를 접수하고 나면 면접까지 보통 1개월 정도의 시간이 남아있습니다. 이때 말하기 연습에서의 자료는 학교생활기록부와 자기소개서 그리고 예상 질문에 대해 키워드로 작성해놓은 답변 노트와 같은 것들입니다. 학교에서 연습하든 집에서 연습하든 중요한 것은 '1분 이내에(30~50초도 괜찮습니다) 말하자'는 목표 아래, 글로는 6~8문장 정도의 분량으로 평소보다 약간 큰 목소리로 표현하는 훈련을 계속하는 것입니다.

이 기간 대부분의 고등학교에서는 선생님께서 면접 연습을 시켜주기도 하고, 친구들과 스마트폰으로 질의 응답하는 모습을 영상으로 촬영해서 평가도 해볼 것입니다. 학생부종합전형은 고3이라면 누구나 한두 군데 이상은 지원하기 때문에 학교에서는 자신에게 돌아오는 연습 기회가 부족할 수도 있습니다. 그래서 친구들과의 연습은 제대로 하고 있는 것인지 의심이 살짝 들기도 할 것입니다. 친구들과 연습을 하기로 했다면 학교에서 면접을 담당하는 선생님이나 담임 선생님에게 자기가 연습하고 있는 과정이나 내용이 올바른 것인지, 답변의 시간은 초과되지 않는지 평가해달라고 부탁드리는 것도 좋습니다. 이때에도 가장 중요한 것은 1분이내에, 막연하고 일반적이지 않은 내용으로, 결론—근거—사례 및 T.O—정리의 구조를 가지고, 큰 목소리로 말을 하고 있는지 확인해야 한다는 점입니다.

부족한 연습량을 보충하기 위해 추천하고 싶은 방법은 가족들 앞에서도 답변 연습을 해보라는 것입니다. 예상 질문 목록을 집에 가서 부모님이나 형제에게 준 다음, 순서와 상관없이 질문을 해보라고 한 다음에 그 질문들에 답변을 하고 평가를 부탁합니다. 만약 "너무 답변이 길고 장황한데?" "사례를 좀 더 줄여서 말하면 어떨까?" "묻는 질문과 상관없는 얘기를 한 것 같은데?" "다른 지원자들도 비슷하게 대답할 수 있는 답변이야" "목소리가 좀 작은데? 잘 안 들려" "왜 말끝을 흐리니?"라는 피드백을 들으면, 기분 나빠하지 말고 면접의 '보약'을 달여 먹었다고 생각하고, 그 지적들 또한 감사한 마음으로 정리해서 노트에 기록해놓습니다.

📖 이미지 트레이닝으로 면접을 연습하라

뇌 과학자들에 따르면 우리 몸의 뇌는 상상과 현실을 구별하지 못한다고 합니다. 쉬운 예를 들어봅시다. 실제로 레몬을 먹는 상상만 해도 입 안에는 침이 고입니다. 이와 같은 원리 때문에 수많은 스포츠 선수들이 이미지 트레이닝을 꾸준히 한다고 합니다. 피겨의 김연아, 수영의 펠프스, 한국의 양궁선수단, 골프의 박인비 선수도 시간이 날 때마다 상상으로 실전을 위한 이미지 트레이닝을 끊임없이 반복한다고 말합니다.

이미지 트레이닝의 장점이 무엇입니까? 피로가 적고 공포심을 수반

하지 않는다는 점입니다. 뇌는 이미지 트레이닝의 순간에도 몸으로 연습하는 것처럼 느낀다고 합니다. 따라서 면접을 연습하는 방법에 '이미지 트레이닝'도 효과를 거둘 수 있습니다. 저는 합격생들로부터 이미지 트레이닝으로 연습한 말과 행동이 시험장에서 비슷하게 표현되었다는 이야기를 자주 들었습니다.

이미지 트레이닝의 핵심은 '상상'입니다. 따라서 지긋하게 눈을 감고 시험장에서 자신의 순서를 기다리는 장면부터 입학사정관이나 대학교수가 질문을 던지는 장면, 그리고 마지막 인사나 질문내용에 제대로 답변하고 나오는 장면까지 자유롭게 상상할 수 있습니다. 이때 10~15가지의 기본 질문을 바탕으로 자신이 작성해놓은 답변과 스토리를 가지고 자신 있게 답변하는 모습을 상상합니다. 돌발적인 질문에도 유연히 대처하는 자신의 모습을 머릿속에 그려도 좋고, 답변을 듣고는 교수님들이 "창의적이고 훌륭한 답변인데!"라고 칭찬하는 장면을 떠올려도 괜찮습니다.

이미지 트레이닝은 제가 많은 학생들을 학생부종합전형 면접에서 최종 합격시킨 방법 중 하나입니다. 시간적 여유가 된다면 자신이 희망하는 대학건물의 사진을 구해 노트나 책상 앞에 붙여놓고, 키워드로 정리해놓은 답변이나 스토리로 면접에서 자신감 넘치게 말하는 '나'의 모습을 생각해봅시다. 이 '이미지 트레이닝' 방법은 장소에 구애받지 않고 얼마든지 훈련할 수 있습니다. 이때 대학 면접에서 자주 출제되는 10~15가지 질문에 대해 이미지 트레이닝을 한다고 해서 대충하는 것이 아니라 자신이 면접관들 앞에서 당당하게 말을 하는 모습과 준비된 말들을 차근차근 실제처럼 밀도 있게 모두 말해보아야 합니다.

📖 '꼭 합격해야지' 하는 생각보다 '파이팅하자'는 마음가짐으로 연습하라

대입 면접은 정성평가입니다. 무슨 뜻이냐면 '잘해야지'라는 생각은 '좋은 결과를 내자'라는 의미가 담겨 있습니다. 반면에 '파이팅 하자'라는 생각은 최선을 다하자는 의미가 상대적으로 강하죠. 이제 면접장까지 왔으니 '미련도 후회도 없이 최선을 다하자'는 생각을 하는 것이 좋습니다.

물론 수험생은 면접관의 모든 질문에 대해 만족스런 대답을 하지 못할 수 있습니다. 그러나 면접관은 단 하나의 질문과 답변으로 수험생을 평가하지 않습니다. 그러므로 지원자는 앞의 질문에 대한 답변이 부실했다는 생각이 들더라도 그 사실을 빨리 잊고 다음 질문에만 집중해야 합니다. 실수했다는 사실에 사로잡히게 되면 '이제 망친 건가?'하는 부정적인 감정에 휩싸이기 쉽기 때문입니다. 대한민국의 대표 스포츠 심리학자이자 인하대학교 체육교육학과 교수인 김병준은 그의 저서《나는 더 강해질 필요가 있다》에서 다음과 같이 적고 있습니다.

불안감이 느껴질 때 적극적으로 자기 암시를 하는 것도 방법입니다. 불안을 긍정적으로 해석하도록 스스로 유도하는 것인데요. 실제로 하버드경영대학원의 앨리슨 우드 브룩스 교수가 140명을 대상으로 실험한 결과, 대중 연설을 앞두고 '침착하자'고 말한 사람보다 '익사이팅하다'고 말하도록 한 그룹의 수행 능력이 더 좋았던 것으로 나타났습니다.

이들 140명은 많은 사람 앞에서 연설을 해야 했고, 연설 장면은 모두 촬영되고 심사위원의 평가까지 받는 과정을 거쳐야 했습니다. 여간 긴장되는 상황이 아닐 수 없죠. 이런 상황에서 불안을 익사이팅한 것으로 해석한 것만으로도, 즉 긍정적인 자기 암시만으로도 더 좋은 결과를 냈던 것임입니다.

위의 김병준 교수의 말을 대입 면접에도 적용해볼 수 있습니다. 면접을 준비하는 동안 '면접관이 원하는 말을 해야 할 텐데…', '준비한 내용들을 다 이야기하면 어쩌나?', '면접문제가 내가 준비한 데서 안 나오면 어쩌지?'라는 생각을 하는 것보다는 자신에게 '이제껏 잘했다. 마지막까지 파이팅 해서 최선을 다하자', '내가 준비한 데서 다 나올 거야. 예상 못한 질문이 나오더라도 미리 준비한 내용을 응용해서 말하는 거야. 아는 데까지는 모든 것을 쏟아붓는 거지 뭐. 파이팅하자!'라는 생각을 하는 게 훨씬 유익하다는 것입니다.

이 책을 읽고 있는 대부분의 수험생들은 이제까지 수시 학생부종합전형을 위해 열심히 달려왔습니다. 그런 자신에게 '시험장에서 반드시 좋은 결과를 내야 한다는 마음에 스스로에게 과도한 심적 부담을 주지 말길 바랍니다.

📖 학생부종합전형으로 합격하는 자신을 상상하라

뇌 과학자들의 연구결과에 따르면 우리 뇌에는 '자동목적조절장치'의 시스템이 있다고 합니다. 예를 들어 '오늘 저녁에는 해산물을 요리하는 맛 집을 찾아 맛있는 식사를 해야지'하고 마음먹으면, 길을 걷다가도 해산물을 요리하는 식당 간판을 평소와는 다르게 자주 발견할 수 있을 것입니다.

이 뇌의 시스템은 사람이 어떤 목적을 설정했을 때, 그 목적을 달성하고자 하는 자율신경계에 필요한 정보와 그렇지 않은 정보를 선별해주기 때문입니다.

이런 뇌의 기능으로 볼 때, 실제 면접을 준비하는 기간에 분명한 목적의식을 가지고 또박또박 준비된 답변을 내뱉어보고, 바른 자세로 미소를 지으면서 답변하는 모습, 면접시험을 통해 최종 합격해서 기뻐하는 모습을 실제 일어난 일처럼 이미지 트레이닝으로 상상하며 연습한다면, 뇌 또한 그런 결과를 위해 최적화된 상태와 환경으로 수험생을 안내할 것입니다.

우리의 뇌는 면접에서 훌륭하게 답변하는 상상을 현실처럼 받아들여, 면접에서의 말과 행동 또한 그 방향으로 움직이게끔 활성화할 것이기 때문입니다.

<⟨ 2장 ⟩>

긴장감을 없애려 애쓰지 말고,
내용 전달에 신경 써라

　　면접관들 앞에 서면 수험생들은 누구라도 긴장되기 마련입니다. 자신만만하게 면접에 임하는 사람은 드뭅니다. 따라서 면접에서는 '당당하게, 최선을 다해서 말하고 나와야지'라는 생각을 해야지, '절대 긴장하지 않겠어!' 같은 각오는 하지 않는 편이 오히려 낫습니다. 면접에서의 긴장은 제어의 대상이 아니라, 조절의 대상이기 때문입니다.

　　가장 중요한 문제는 긴장과 압박감을 뚫고 자신이 말하려는 핵심을 정확하게 전달해야 한다는 것입니다. 그렇다면, 그런 분위기 속에서 '내가 말하려는 핵심'을 전달하려면 어떻게 해야 할까요? 간단히 세 가지 정도만 기억하도록 합시다. 첫째, 질문의 핵심요지를 간파하는 데 집중하고 둘째, 단답형 대답을 피하며 셋째, 답변을 하면서 말끝을 흐리지 말라는 것입니다.

📖 질문의 핵심요지 파악에 집중하라

면접관이 어느 수험생에게 "자기가 스스로 생각해봐도 자랑할 만한 것이 있다면 한번 말해보세요"라고 물었습니다. 긴장한 이 학생은 그 질문을 "자기소개해보라"는 말로 알아듣고 '준비해놓은 것이 나왔군!'하고 착각, 미리 준비해둔 '자기소개'의 내용을 가지고 유창하게 답변합니다. "자기가 내세울 만한~"이라는 말을 "자기소개~"로 들어버린 것이지요. 이 경우는 질문의 포인트에서 빗나간 답변을 했기 때문에, 아무리 훌륭한 '자기소개'에 관한 답을 했더라도 긍정적인 결과를 얻지 못합니다.

수험생은 면접에 들어가면 무엇보다 질문의 핵심요지를 간파하기 위해 노력해야 합니다. 그리고 그 질문에 대한 결론, 즉 답을 직접석으로 이야기해야 합니다. 이때 결론(답)은 구체적일수록 더 좋습니다. 결론을 먼저 구체적으로 이야기하면 그 결론을 뒷받침하는 근거나 사례는 더더욱 구체적으로 말할 가능성이 높기 때문입니다.

지능분야 박사 로버트 스턴버그는 저서 《성공지능》에서 "아무 성과도 거두지 못하는 이유는 엉뚱한 문제를 푸는 데 시간을 낭비하기 때문이다"라고 말했습니다. 이 말은 면접에서도 고스란히 적용됩니다. 질문자가 묻는 것에 대해 사오정과 같이 답변하는 것이 아니라 핵심요지를 파악한 다음, 구체적인 근거를 들어 말하는 것이 제일 중요합니다.

📖 단답형으로 말하지 마라

말이란 긴장하면 자신도 모르게 짧아지기 쉽습니다. 면접관이 "가장 존경하는 사람은 누구입니까"라고 물었습니다. 그러자 어느 수험생이 "이 순신 장군입니다"라고 짧게 대답합니다. 그 다음에 면접관이 "왜 이순신 장군을 존경합니까?"라고 묻지 않는다면 시험장의 분위기는 이내 서먹서 먹해질 가능성이 높습니다. 면접관이 "존경하는 사람이 누구예요?"라는 질문을 던졌을 때는, "빌 게이츠요" "무하마드 알리요" "우리 아버지요" "아 이돌 방탄소년단이요" "축구선수 메시요" "백범 김구 선생님이요"라는 짧 은 대답을 듣고자 함이 아닙니다. 이 답변에는 이유가 없는 것이지요. 특 히 중하위권 성적의 지원자들이 면접 준비를 제대로 안 했을 경우 이런 단답형의 대답을 하곤 합니다. 이 질문의 목적은 수험생의 가치관을 파악 하기 위해서입니다. 그 사람을 왜 존경하며 좋아하는지를 이야기하는 과 정에서 지원자의 철학이나 신념이 드러나기 때문입니다.

입학사정관이라는 평가자와 수험생은 면접에서 생전 처음 만납니다. 그런데 그런 자리에서 "가장 존경하는 사람이 누구입니까?", "가장 최근에 읽었던 책이 있다면 말해보세요"와 같은 면접관의 질문들은 어떤 목적을 담고 있는 것이지, '분위기 서먹한데 아무 질문이나 던져서 어색함이나 풀 어볼까?' 혹은 '요즘 어떤 책이 베스트셀러라는데, 너는 그 책 읽어봤냐?'는 식의 분위기를 전환하려는 멘트가 아닙니다.

면접관의 '질문의도'는 대부분 '대학'과 관련이 있다고 생각하면 맞습니다. 면접관은 그 질문들을 통해 수험생의 가치관이나 사고방식을 보고 싶어 하는 것입니다. 그런데 짧은 답변으로 끝내면, 지원자가 어떤 가치관과 성향을 지닌 사람인지 어떻게 알 수 있겠습니까?

또 너무 긴장한 나머지 "잘 모르겠는데요"라는 말을 하는 수험생도 있습니다. 수험생으로서는 솔직하게 말했을지는 몰라도 면접관의 입장에서 보면 '성의 없다'는 생각이 들 수 있습니다. 이땐 "교수님, 어려운 질문이지만 제가 아는 데까지 최선을 다해 말해보겠습니다"라고 말하면서 대답을 이어가야 합니다. 만약 질문내용을 잘 듣지 못했다면 예의 바른 태도로 "교수님 죄송한데, 힌트를 조금만 주실 수 있겠습니까?"라고 되물으며 적극적인 태도를 보여야지, 질문을 대충 짐작해서 아무렇게나 답하면 안 됩니다.

단답형 대답을 피하는 방법은 무엇일까요? 시간이 날 때마다 자기소개서를 보면서 예상 질문을 만들고, 그 질문에 '결론—근거—사례 및 T.O—정리'의 구조로 답하는 연습을 반복하는 것입니다. 결론과 근거를 들고, 자신의 깨달음을 섞어 답하는 과정에서 예상치 못한 질문이 나오더라도 순발력 있게 대응할 수 있을 것입니다.

📖 답변의 말끝을 흐리지 마라

면접 분위기는 꽤 낯설고 무거울 수 있습니다. 수험생은 면접장의 분위기에 위축되기 쉽죠. 이때 수험생은 '말끝을 흐리는' 말투를 피해야 합니다. 지원자가 대답의 말끝을 흐리게 되면 면접관으로서는 '저 학생은 혹시 거짓말을 하고 있나'하는 의심을 할 수도 있고, 지원자가 시선을 자주 피하면 자신감이나 적극적인 태도가 부족하다고 판단할 수 있습니다. 지원자 A, B가 있는데 둘 다 내신이나 비교과활동의 열심 정도가 비슷하다면, 답변태도에서 풍기는 지원자의 종합적인 이미지가 당락에 영향을 미치는 것입니다.

만약 말끝을 흐리는 습관을 가졌다면 일정 기간 의도적인 목적을 가지고 연습해봅시다. 발음을 개선하기 위해 볼펜을 입에 물고 연습하는 정도까지는 필요 없습니다. 제 경험상 말끝을 흐리는 학생들은 대게 작거나 기어 들어가는 목소리를 가지는 경우가 많은데, 목소리를 약간 크게 해서 또박또박 말하는 연습을 매일 하는 것으로도 쉽게 개선됩니다.

이때 소리 내어 읽기에 가장 좋은 자료는 역시 '자기소개서'입니다. 완성한 자기소개서 전체를 하루에 한 번씩 '또박또박' 큰 목소리로 읽어보는 것입니다. 통성으로 읽는 행위를 통해 면접에서 어떤 내용을 어떻게 말하면 효과적일지 감(感)이 오기도 하고 큰소리로 말하기 연습도 하고 있기 때문에 '일석이조'의 효과를 누립니다. 자소서 전체를 또박또박 읽어봤자 10분도 채 걸리지 않으니 자투리 시간을 활용해서 연습하면 큰 효과를 거둘 수 있을 겁니다.

면접관들은 지원자들의 '학생다움'을 확인하고 싶어 합니다. 그렇다면 '학생답다'는 말은 과연 무엇일까요? 고등학생 나이에 걸맞은 패기와 열정, 능동적이며 적극적인 태도, 자신감 있는 말투, 창의적인 발상, 밝은 웃음 등이 아닐까요? 면접관이 대답의 꼬리를 물고 압박질문을 퍼부어도 큰 목소리로 자신감 있게 말하려고 노력합시다. 그렇지만 답변의 말끝을 흐린다면 그런 소극적인 모습이 반감될 수 있습니다.

커뮤니케이션 분야의 세계 최고 권위자라 불리는 하인츠 골트만도 그의 책《말하기의 정석》에서 다음과 같은 말을 하고 있습니다.

> 이상적인 목소리는 강하면서도 명쾌한 목소리이다. 즉, 역동성을 나타낼 수 있는 목소리여야 한다는 말이다. 그러기 위해서는 각 문장의 시작하는 부분과 끝마치는 부분에서 강조하듯이 강한 어조로 말하는 것이 좋다. 그리고 어조에 변화를 주고 말끝을 흐려서는 안 된다. 또박또박 발음하고 문장의 끝은 특히 높여서 말해야 한다. 그 자리에 있는 누구나 이해할 수 있는 언어여야 한다. 또한 짧은 문장이 좋다.

📖 Practice Makes Perfect(연습이 완벽을 만든다)

　면접관들은 대학과 전공에 부합하는 인재를 선발하려는 사명감을 갖고 있습니다. 따라서 어떤 지원자도 대충 평가하거나 통과의례처럼 지나가지 않습니다. 옥석을 고르기 위해 지원자들을 자세히 살펴보기 때문입니다. 그런데 수험생들은 면접관들의 질문에 짧은 말로 '대충' 말하면 되겠습니까?

　제가 소속되어 있는 클럽 축구팀에는 주말마다 같이 볼을 차는 교수님들이 몇 분 있습니다. 그중 한 교수님에게 대학 편입이나 대입 면접에서 어떤 수험생이 성의 없이 보이냐고 여쭤보니 "말이 짧으면 성의 없이 보여. 왜 그렇게 단답형으로 말을 하는지. 속마음은 그게 아니더라도 면접에서는 수험생이 표현한 만큼만 알 수 있는 거 아니겠어?"라고 말씀하셨습니다. 수험생들은 이 말을 마음에 깊이 새겨야 합니다. 면접에서는 자신이 표현한 만큼만 평가를 받을 수가 있으니까요. 질문의 요지를 잘 파악하고 그 요지에 맞게 준비한 내용을 또박또박, 자신감 있게 말해야 한다는 것! 이점을 반드시 기억해야 합니다.

〈 3장 〉
감정을
컨트롤(control)하라

면접장은 '총성 없는 전쟁터'로 비유할 수 있습니다. 면접의 평균 경쟁률은 평균 3~4:1에 불과한데, 이는 수능성적이 핵심인 정시모집 수능선발, 수시선발의 교과전형, 논술시험 등 모든 전형을 통틀어 가장 합격하기 쉬운 상황에 돌입한 것이기 때문입니다. 이제 이 마지막 관문만 통과하면 학생부종합전형 '최종합격'이라는 결과를 맛볼 수 있습니다.

뒤집어 생각해보면 '면접에서 떨어지면 어쩌지?'하는 불안감도 엄습할 것입니다. 거기에다 면접장소의 문을 열면 대학교수님일 수도 있고 입학사정관일지도 모르는 어른들이 앉아있습니다. 이때, 자기의 감정 상태를 잘 컨트롤해서 부정적이거나 슬픈 쪽으로 쏠리지 않도록 주의해야 합니다. 부정적인 생각이나 어휘, 답변을 피하고, 긍정적이고 진심이 깃든 대답을 한다면 마음이 안정될 것입니다.

📖 부정적인 생각은 금물이다

'면접장에서 설마 우는 사람이 있으려고?'라든지, '나는 면접에서 절대 울지 않는다!'고 자신만만하게 생각하지만 면접에서 우는 학생들이 종종 생깁니다. 경험상, 남학생보다는 여학생들이 간혹 우는 경우가 많았습니다. 특히 거짓말이 들통났을 때나 면접 도중 부모님과 관련된 이야기, 가족이 힘들었던 상황을 말할 기회가 있거나 압박질문, 꼬리에 꼬리를 묻는 질문에 적절한 대답을 하지 못한 나머지 '나 떨어지는 게 아닐까' 하는 생각이 들 때 웁니다.

면접이라는 극도의 긴장 상황과 더불어 대학에 합격하기 위해 대한민국 입시체계의 굴레에서 아침 일찍 등교해서 야간자습까지 열심히 했던 기억들을 떠올리면, 갑자기 '울컥'하는 마음이 들 수도 있겠지요. 그러나 면접관들은 이런 지원자의 행동에 꽤 훈련되어 있습니다. 그들은 수험생들이 감정이 격해져서 우는 사례를 해마다 봐온 사람들입니다. 따라서 수험생들은 질문에 성의 있게 답변을 하되, '면접이 진행되는 동안에는 감정을 컨트롤한다!'라는 다짐과 각오가 필요합니다.

대학의 공부는 고등학교에 비해 훨씬 자유롭겠지만 스스로 공부해나가야 한다는 점은 또 다른 스트레스로 다가올지도 모릅니다. 예를 들면, 수험생이 건축학과나 토목공학과 지원자라면 입학하고 난 뒤 언젠가는 예사로 사나흘 밤을 세워가며 건축모델과 작품을 만드는 경우도 있고, 공과대학 석사과정을 밟는 누군가는 프로젝트 과제 때문에 하루 몇 시간도

못 자면서 연구에 매진할지도 모릅니다. 의사가 되려고 의과대학에 진학한 학생은 어떻습니까? 인턴, 전문의 과정을 거치면서 병원과 수술실에서 쪽잠을 자가며 지새우는 경우도 부지기수라고 들었습니다.

그런데 대답이 막혔다고 면접 도중에 지원자가 울게 되면 면접관이나 대학교수들은 어떤 생각을 할까요? 그 감정에 깊이 동조해줄까요? 아니면 '마음이 저렇게 약해서야 어려운 대학공부를 잘 해낼 수 있을까?'하는 생각을 하게 될까요? 아마도 후자일 가능성이 높습니다. 그러므로 면접에서는 일단 자신감과 패기, 긍정으로 가득한 능동적인 학생의 모습을 보여줘야 합니다. 아직 나이 어린 고등학생이므로 배려를 해주겠지만, 답변 도중 울게 될 경우는 '거짓말'이 들통 났거나 '의지와 끈기'가 부족해 보인다는 느낌을 줄 수 있습니다.

그러나 '위기는 오히려 기회'로 전환될 수 있습니다. 과거에 힘들었던 기억이나 경험이 있다면 오히려 이를 역으로 활용해서 좋은 평가를 얻는 데 집중해야지, 그 어려웠던 기억 속에 매몰된 채 현실을 망각해서는 안 됩니다.

다음은 경북 포항시 출신으로, 제 강의를 듣고 2016학번 연세대학교 경제학과에 합격한 수험생의 사례입니다. 가슴 아팠던 개인의 상황이나 기억이 오히려 좋은 답변을 위한 재료가 되었습니다.

> **면접관:** 본인은 행복이 무엇이라고 생각하나요?
>
> **수험생:** ① 행복이란 저와 관계되어 있는 사람들과 이익이나 기쁨을

나누는 '그 자체'라고 생각합니다. ② 행복은 멀리 있는 것이 아니라 '나'와 가까운 곳에 있다는 뜻입니다. ③ 저는 부모님께서 일찍 이혼하셔서 어렸을 때부터 할머니의 손에 컸는데, 초등학교 때 할머니께서 폐지를 주우러 나가시면 돌아오실 때 까지 양로원에서 혼자 시간을 보내는 일도 많았습니다. ④ 그때 혼자 있는 외로움에 대해서 일찍 깨달은 것 같습니다. '아! 아무리 좋은 것을 얻은 순간이라도 나 혼자 있다면 별로 행복하지 않겠구나'하고 말입니다. ⑤ 그러므로 생각해볼 때, 행복이란 '나'뿐만 아니라 '나와 관계있는 사람들'과도 그 감정을 공유하는 상태나 상황이 아닐까 생각합니다.

면접관: 그래요. 할머니는 지금도 건강히 잘 계신가요?

수험생: 네. (이하 생략)

📖 진솔하게 말하라

부풀려 말하게 되면 그 거짓을 감추기 위해 또 다른 말을 하게 되므로 심리적으로 쫓길 수 있습니다. '진솔하게' 발언한다는 것은 상대방을 '속이지 않는다'는 뜻입니다. 면접관은 처음 만난 지원자에 대한 기본적인 신뢰를 가지고 있습니다. 누구나 당락을 결정할 수 있는 면접관에게 잘 보이고 싶겠지만 그렇다고 '거짓된 말'로 자신을 포장하는 것은 위험한 행동입니다. 면접관들은 '확인의 달인'들이라서, '거짓말'같다고 생각되면 탐정처럼 파고들지도 모릅니다.

자기소개서가 '자소설'이 되면 안 되듯이 면접의 발언이 '허구'로 의심되면, 오히려 그 부풀린 대답이 부메랑이 되어 돌아올 수 있습니다. 면접관은 답변이 '허구'라고 심증이 가는 순간 사실 확인을 위해 꼬리에 꼬리를 물고 압박질문을 퍼부을 가능성이 높기 때문입니다. 실제로 거짓말로 답변을 한 수험생은 면접관의 질문이 마치 경찰이 범죄자 탐문할 때 묻는 질문같이 들릴 수도 있는(실제로는 그런 의도가 아니지만) 심리적인 부담이 제법 클 것 입니다.

《대입 면접 10분 드라마, 합격을 부른다》에서 서울대학교를 포함한 3곳의 대학에 합격한 어느 합격생은 '면접을 앞둔 후배들에게 마지막 조언'을 부탁하는 인터뷰에서 다음처럼 말합니다.

> 솔직히 말해서 저는 면접 준비가 크게 힘들지 않았는데요. '친구들과 다 같이 잘 되었으면 좋겠다'는 제 진심이 제대로 표현된다면 굳이 미사여구를 섞지 않아도 저를 뽑아주시리라는 확신이 있었기 때문이에요. 그렇게 되니까 뭘 만들어낼 필요도 없었고 제가 해야 할 것은 자소서와 학생생활기록부를 되짚어보고 제 생각을 무례하지 않으면서도 정확하게 전달하는 연습을 하는 것뿐이었어요. 다른 사람들이 어떻게 면접을

봐서 합격했는지는 모르겠고 아마 저와 다른 방법들도 있을 수 있다고 생각하긴 합니다. 하지만 저는 최소한 면접에 가장 최적화된 사람은 많이 알거나 말을 잘 하는 사람이 아닌, 고등학교 시절을 '진심으로' 산 사람이라고 생각해요. 스스로 말하면서도 좀 오글거리기는 하는데 면접에서 가장 큰 무기는 '진심'이라고 생각합니다. 그 무기를 어떻게 쓰는지, 즉 진심을 면접관에게 어떤 방법으로 표현하는지는 별개의 문제이지만요. 덧붙이자면 세 번의 면접을 본 경험상 면접관들은 밝고, 예의 바르고, 말하는 바가 분명한 사람을 좋아하는 것 같습니다.

위의 인터뷰의 주인공은 가장 효율적인 면접의 방법이 '진심'을 나타내는 것이라 표현합니다. 말을 잘하는 사람이 면접에서 유리한 것이 아니라, 자신의 진심을 면접관에게 정확하게 전달하는 것이 중요하다는 것이지요. 솔직하게 답변하는 방법이 뭐 어렵습니까? 자신만의 스토리를 준비한다면 그것이 진실된 답변입니다.

📖 마음을 안정시키고 솔직히 말하라

'슬프니까 우는 것이 아니라 우니까 슬픈 것이다' 라는 말이 있습니다.

실제로 현실을 야기한 객관적인 원인보다 내가 지금 행동하는 모습이나 태도가 결과에 더 영향을 미칠 수 있다는 이야기겠지요. 이 말처럼 면접장에서는 긴장되더라도 오히려 더 당당하고 자신감 있는 태도를 취해야 합니다. 그리고 처음부터 크고 씩씩한 목소리로 이야기해야 합니다. 면접에 임해서 긴장감이 전혀 없는 사람이 누가 있을까요? 면접관들은 수험생의 한 번의 실언이나 실수로 당락을 결정짓지 않습니다. 또한 어떤 질문도 수학문제의 정답처럼 딱 맞아 떨어지는 답변이 하나만 있는 것도 아니지요. 차분히 마음을 가라앉히고 자신감과 긍정적인 태도로 자신이 생각하는 바를 논리적으로 설명해야 합니다.

또 "우리 학교에 지원한 이유가 뭐예요?"라는 질문에 "집과 거리가 가까워서요" "부모님이 성적에 맞춰 어디든지 가라고 하니까요" "담임 선생님이 여기 넣으면 합격가능성이 높다고 하던데요"라고 답했다고 합시다. 이런 대답이 정말 솔직한 발언일까요? 아니면 솔직함으로 가장한 성의 없는 답변일까요? 아마 후자일 것입니다. 그러므로 솔직한 답변이란 것도 자신이 미리 준비한 스토리의 바탕 위에서 표현하는 말이지, 질문에 순간적인 감정을 그대로 드러내어 대응하는게 아니라는 것을 기억해야 합니다.

4장

면접에서는
예의 바른 태도를 취하라

'메라비언의 법칙'에 대해 들어본 적이 있습니까? 이 이론은 미국 캘리포니아대학교 명예교수이자 심리학자인 알버트 메라비언(Albert Mehrabian, 1939~)이 발표한 이론으로 상대방에 대한 인상이나 호감을 결정하는 데 있어서 목소리는 38%, 보디랭귀지는 55%의 영향을 미치는 반면, 말하는 내용은 겨우 7%만 미친다는 이론입니다. 즉, 효과적인 소통에 있어 말보다 비언어적 요소인 시각과 청각에 의해 더 큰 영향을 받는다는 뜻이지요.

면접관들은 지원자의 일거수일투족을 세심하게 관찰합니다. 그러므로 수험생이라면 면접관과의 효과적인 소통을 위해 몇 가지 비언어적 요소를 기억해야 합니다. 면접장에 들어가거나 나갈 때는 반드시 인사를 하고, 답변할 때 시선처리를 명확히하며, 항상 미소를 잃지 말고 바른 자세를 유지하는 일입니다.

📖 메라비언의 법칙과 인사

'메라비언의 법칙' 이론, 즉 비언어적인 요소가 언어적인 요소보다 상대방의 호감을 결정하는 데 더 많은 영향을 미친다는 말은 대입 면접에서도 어느 정도 적용될 것입니다. 그러나 대입 면접은 지원자의 자기소개서와 학교생활기록부의 내용을 확인하는 질문들이 대부분을 차지하기 때문에, 목소리나 보디랭귀지 같은 비언어적인 요소보다는 묻는 질문의 요지를 간파해서, 논리적으로 말하는 것이 무엇보다 중요하다는 점을 기억해야 합니다.

'메라비언의 법칙'에서는 비언어적인 요소 중에서도 '인사성'은 중요하다고 생각합니다. 들어오사마자 인사도 하지 않은 채, 면접관 앞에 털썩 앉는다거나 면접이 끝날 즈음에 '면접을 망쳤다'고 생각해서 "감사합니다" "고맙습니다"라는 말도 없이 '획'하고 그냥 나가버린다면 면접관에게 좋은 인상을 줄 리가 없습니다. 너무 당황한 나머지 인사가 생각나지 않았다고 말하는 학생들도 보았습니다.

인사는 예절에 있어 기본 중에 기본이 아닐까요? 학생은 학교에서 선생님께 인사를 해야 하고, 부모님이나 이웃의 어른들을 만나면 인사를 해야 하는 것이 도리입니다. 이 인사하는 태도가 습관이 되지 않은 학생들은 어디에서도 인사를 빠트리기가 쉽습니다. 즉, 인사는 오랜 기간에 걸쳐서 서서히 형성된 '습관'과 같은 것이므로 누락하면 면접관은 지원자의 '생활태도'나 '인격'을 의심할지도 모르겠습니다. 2016년에 중앙대학교 광고흥보학과에 합격한 어떤 학생은 면접에서의 '첫인상의 중요성'을 강조합니다.

> "저는 면접에 있어서 첫인상이 제일 중요하다 생각합니다. 그래서 처음 문을 열고 들어가는 순간부터 표정 관리, 자세 등을 하나하나 신경 썼습니다. 자신감 있는 목소리로 또박또박 말하는 것이 중요합니다. 무엇보다 교수님의 질문의 요점이 무엇인지를 잘 파악해야 해요."

밝고 씩씩한 목소리로 인사를 하면 심리적으로 자신감과 여유가 생깁니다. 그리고 면접관들에게 학생다운 '기운'도 전달할 수도 있습니다. 대입 면접에서는 '메리비안의 법칙'의 모든 규칙이 통하지는 않더라도 인사는 면접관에게 긍정적인 첫인상을 남길 수 있으니, 웃는 얼굴과 또렷한 목소리로 인사하는 것을 잊지 말도록 합시다.

📖 웃는 인상과 올바른 시선처리, 바른 자세

'웃는 얼굴에 침 뱉으랴'는 속담도 있는 것처럼 웃음이나 미소는 상대방의 경계를 푸는 역할을 합니다. 물론, 면접에서 미소를 계속해서 유지하는 데 신경을 쓴 나머지 답변에 지장이 가면 안 되지요.

　수험생이 압박질문을 받아도 당황하지 않고 웃는 표정을 유지한다면 면접관은 '음, 이렇게 꼬리를 물고 질문해도 여유 있게 받아넘기다니 대단한 학생이군'이라고 생각할 것입니다. 또한 면접관이 연속해서 질문을 퍼붓고 학생부나 자기소개서의 약점을 파고들어도 웃음을 띤 얼굴을 잃지 않으려고 노력하면 면접관에게 좋은 인상을 줄 것입니다. 일본의 유명한 논술강사인 히구치 유이치는 《지루하게 말해 짜증나는 사람, 간결하게 말해 끌리는 사람》에서 다음과 같이 말했습니다.

> 살짝 웃어 보이는 것만으로도 상대방에게 매우 좋은 인상을 줄 수 있다. 사람의 마음은 논리만으로 움직이는 것이 아니다. 아무리 옳은 말이라도 때로는 반발심을 유발하는 경우가 있다. 하지만 상대방의 반발을 살 만한 의견을 말할 때 살짝 웃는 얼굴을 보이면 상대방에게 '이 사람이 하는 말을 들어줄까?'라는 마음이 일어날 수 있다.

　항공사에 근무하는 '승무원'들의 미소 수준을 보이라는 이야기가 아닙니다. 일본의 논술강사 히구치 유이치의 말처럼 살짝 웃는 모습으로도 충분하지요. 너무 긴장한 나머지 '어둡고 찌푸린 인상'을 풍기지는 말라는 뜻이지요. 수험생들은 면접을 위해 시험 장소에서 오랜 시간 기다릴 지도 모르기 때문입니다. 아마 1~3시간을 면접 대기 장소에서 기다리는 경우도 있습니다. 그렇다고 그 '지루함과 피곤함'이 실제 면접에서 표정으로 드러나선 안 됩니다.

2017년도에 숙명여대와 이화여대, 경희대를 모두 합격했던 여학생은 다음과 같이 제게 말했습니다.

"면접 때 어느 여자 교수님께서 '내가 봤을 때 학생은 생명공학부에서 공부하기에는 내신성적이 약간 모자라고, 관련 활동이 꽤 부족하지 않나?'라고 물어보셨는데 그때 정말 당황했어요. 압박질문에 상처받지 말라는 이야기를 강사님께 미리 듣지 못했더라면 진짜 '울컥'하고 울음이 터질 뻔 했어요. 그래도 끝까지 웃음을 잃지 않고 침착하게 답변한 것이 지금 생각하면 천만다행인 것 같아요. 제 고등학교 후배들이 면접에 대해 물어보면 교수님께서 일부러 압박질문을 던질 수도 있으니 당황하지 말고 침착하게 말을 풀어나가라는 조언을 해주고 있어요."

면접시험만 아니라면 수험생은 입학사정관이나 지원한 대학의 교수와는 길을 지나가다 우연히 부딪칠 가능성도 거의 없습니다. 그런데 처음 만나자마자 면접관이 심리적으로 상처를 주는 말과 지적을 한다? 뭔가 이상하지 않습니까? 지원자들이 지겹고 짜증나서 그럴까요? 아니면 면접을 너무 오래 봐서 피곤해서 그럴까요? 아닙니다. 지원자들에게 그런 질문들을 일부로 던져 넌지시 반응을 살펴보기 위한 목적이 있지 않겠습니까?

이런 의도를 수험생들은 알고 있는 것이 중요합니다. 어떤 사실을 알고 있으면 걱정이 되지 않으니까요. 그럼에도 불구하고 얼굴에 '미소'를 계속 유지한다면, 면접관은 '이 학생은 성격이 참 좋군' 혹은 '이 학생은 인내심이 있구나'하는 긍정적인 인상을 받습니다.

2017년도에 학생부종합전형으로 합격한 어떤 학생은 '면접에서 웃음의 중요성'에 대해 다음처럼 이야기합니다.

"저는 솔직히 말도 횡설수설했고 동문서답한 것도 있어서 예비 번호도 못 받을 것 같았습니다. 그런데 끝내 합격한 것이 신기합니다. 생각해볼 때 아무래도 면접장에 들어갈 때 큰소리로 인사한 것과 면접 중 계속 입가에 미소를 띠고 있었던 것이 크게 작용하지 않았나 하는 생각이 들어요."

또한 바른 자세를 유지하면서 면접관들과 시선을 맞추는 습관도 중요합니다. 과도하게 긴장하면 몸에 밴 평소 습관들이 자신도 모르게 튀어나올 수 있습니다. 면접관에게 인사를 하고 의자에 앉아서 미소 띤 얼굴로 면접관들을 눈을 지긋하게 응시합니다. 상대방의 눈을 마주치지 않는다는 것은 진실을 숨기는 듯한 인상을 줄 수 있습니다. 자신감 또한 부족해보이기 쉽습니다.

앉은 자리에서는 허리를 곧게 세워야 합니다. 면접장의 분위기에 긴장하고 압도되어 팔과 머리를 긁거나 안경을 자주 만지고, 다리를 떨었다는 이야기를 들은 적이 있습니다. 아마도 무의식중에 자신도 모르게 나온 행동일 것입니다. 이런 무의식적인 행동을 자제하는 방법이 있습니다. 공부를 하다가 잠깐 시간을 내서 면접장에서 답변하고 있는 자신의 모습을 상상하면서 허리를 곧게 세우는 등과 같은 바른 자세를 잡는 훈련을 자주 하는 것이죠.

📖 면접관에게 좋은 인상을 남겨라

'이왕이면 다홍치마'라는 말이 있습니다. '다홍치마'란 짙은 붉은색의 치마인데 조선시대에 이 치마는 왕족들만 입을 수 있었습니다. 그런데 평민들도 다홍치마를 일생에 딱 한 번 입을 수 있는 기회가 있었습니다. 그날은 바로 자신이 혼인하는 날이었습니다. 이처럼 특별한 날에만 입는 다홍치마는 귀했기 때문에 값이 같은 치마들 중에 하나를 고른다면 '이왕이면 다홍치마'를 사겠다는 말이 생긴 것이죠.

이 속담의 내용처럼 입학사정관은 상대적으로 '다홍치마'에 해당하는 학생들을 선발하려고 할 것입니다. 말하는 내용이 비슷비슷한 수준이고 지원자들 중에 절대적으로 우위라고 볼 만한 학생이 없다면 인사와 웃음, 시선처리, 자신감 있는 목소리와 태도는 차별화하는 요소가 될 수 있습니다.

　인사성, 바른 표정과 자세, 당당하고 자신감 있는 말투, 단정한 옷차림 등을 통해 입학사정관들에게 좋은 인상을 줍시다. 그런 다음 자신이 준비한 스토리를 바탕으로 간결하고 임팩트 있게 묻는 질문에 대해 답변을 해나가면 됩니다.

〈 5장 〉
열정과 의지, 간절함으로 뭉친
진짜 '나'를 표현하라

이제 마지막 수업입니다. 끝까지 듣느라 수고가 많았습니다. 학생들은 대게 면접을 준비하면서 먼저 '말하는 테크닉'을 습득하려고 노력합니다. 물론 시중에서 광고하는 스피치 요령도 배워두면 유용하겠지만 그보다 중요한 것은 답변의 내용을 통해 합격하고자 하는 지원자의 열정과 의지라는 무기를 갖추는 것입니다. 면접관들은 지원자의 열정과 의지를 엿볼 수 있는 사람들입니다. 그러므로 '어떻게든 되지 않을까?', '묻는 것에 대응하고 나온다'는 안일한 태도로는 좋은 결과를 얻을 수가 없겠지요.

수험생이라면 '면접에 온 이상 미련 남기지 않게 최선을 다해 쏟아부어야지'는 각오로 임해야 합니다. 그 출발은 이 책 전반에 걸쳐 말했듯이, 답변 내용을 미리 '준비'하는 것에서 시작합니다. 답변할 재료가 준비되어 있지 않는데, 어떻게 적극적이면서도 스스로 만족할 만한 답변을 할 수 있겠습니까?

📖 열정과 간절함이 무기다

사실 지원자들의 대부분은 똑똑하고 성적도 비슷비슷합니다. 그렇다면 면접관들은 완벽한 학생을 뽑길 바라는 게 아니라 대학교 진학 후에도 얼마나 열정과 의지를 가지고 공부하려는지를 확인하고 싶지 않을까요? 면접관들은 지원자의 눈빛이나 말투, 행동 등에서도 전공공부를 열심히 할 의지가 있는지를 간접적으로 느낄 수 있을 것입니다.

다음은 2017년에 경희대학교 간호학과를 학생부종합전형으로 합격한 어느 여학생의 이야기입니다.

> "합격했다는 사실이 기적 같습니다. 면접장에서 내신이 최상위권에 있는 친구들도 보았고요. 면접 비중이 적었지만 최선을 다했고 나름 말을 잘한 것 같았으나, 내신에서 밀린다는 생각에 말을 잘했어도 소용없을 것이라고 생각했습니다. 그런데 최종적으로 합격한 것을 보면 성적과 스펙보다는 자소서 내용과 면접에서 보인 열정이 영향을 미쳤던 것 같아요."

위의 말에서 중요한 것은 '자소서 내용과 면접에서 보인 열정'이 합격에 영향을 미쳤다고 말한 부분입니다. 면접이란 상황에서 열정과 의지를 보여주는 방법은 개인마다 다르겠지만, 2017년도에 서울대학교 인류학과에 합격한 어느 학생은 면접장에서 교수님의 질문마다 '자기가 평소에 생각했던 것'을 이야기해도 되냐고 되물었는데, 그 질문내용이 해당 교수님의 전공 분야였는지는 몰라도 나중에는 면접장소가 마치 토론장과 같은 분위기가 되었다고 합니다. 이 학생의 경우에는 수동적인 답변태도를 넘어 자신의 견해와 생각을 당당히 밝힌 것이 입학사정관과 교수가 바라볼 때는 지원학과에 대한 '관심과 열정 그리고 간절함'으로 느껴지지 않았을까요?

📖 면접관은 답변에서 수험생의 열정과 의지를 엿보는 사람들

> **면접관:** ～에 대해 한번 말해보세요.
>
> **A수험생:** 잘 모르겠습니다. 기억이 안 납니다.
>
> **B수험생:** 잘 모르겠지만, 아는 데까지 최선을 다해 말해보겠습니다.
>
> **C수험생:** ～라고 생각하는데, 뒷 부분부터는 솔직히 잘 모르겠습니다. 힌트를 좀 주실 수 있겠습니까?

면접관들은 짧은 시간에 사람을 판단해야 하며 그 지루한 과정을 반복해야 합니다. 그런데 "가장 존경하는 사람은 누구입니까?"라는 질문에 근거나 이유도 충분히 들지 않고서 "이순신 장군이요" "영화배우 송강호요"와 같은 단답형 대답만을 하면 그 수험생은 지원한 대학에 합격하고자 하는 의지가 있는 사람으로 비춰질까요? 이미 수험생은 학교생활기록부와 자기소개서를 통해 자신의 기본적인 정보를 이미 대학에 전달했습니다. 따라서 면접장에서는 서류와 자기소개서만으로는 알 수 없는 '간절함'과 '의지'가 답변과 태도를 통해 묻어 나와야 합니다.

위의 질의응답에서 수험생 A와 B, C의 답변태도는 서로 완전히 다릅니다. A는 모른다고 솔직히 말했지만 그 다음부터는 면접관과의 대화가 단절되어 서먹서먹해질 수 있습니다. 관대한 면접관은 먼저 "내가 질문에 대한 힌트를 줄까요, 학생?"이라는 말로 되물을 수 있겠으나, 경생이 치열한 상황이라면 굳이 힌트를 주지 않을 수도 있습니다.

이때, 손해는 고스란히 A지원자가 감수해야 합니다. 그러나 수험생 B, C는 답변에 나름 최선을 다하고 있습니다. 정답을 이야기하진 못하지만 '최선을 다하겠다'는 자세와 태도가 면접관에게 좋은 인상을 남길 것입니다. 면접은 질문자의 물음에 정답을 맞히는 게임이 아니라 상호소통의 과정입니다. 소통은 '질문과 그에 대한 응답'으로만 구성되어 있는 것이 아니라 성실한 답변과 함께 열정, 의지, 간절한 태도가 종합선물세트처럼 엮여있어야 합니다.

📖 '아' 다르고 '어' 다른 우리말

신기한 점이 뭐냐면 해마다 면접에 임하는 각오가 학생들마다 천차만별이라는 것입니다. '자기소개'와 같은 질문은 안 나올 거라 예상하고 시험장에 갔는데 갑자기 면접위원 중 한 사람이 '학생, 자기소개 한번 해봐'라고 물어보는 바람에 엉겁결에 "대전에서 올라온 ○○고등학교 3학년 ○반 김나래입니다" 정도만 말하는 학생이 있는가하면, 자신의 강점을 잘 드러낸 스토리를 외워두었다가 미리 기다렸다는 듯 요긴하게 써먹는 학생들도 있습니다.

"마지막으로 하고 싶은 말이 있나요?"라고 물어보면 "없습니다"라고 짧게 말하고는 재빨리 면접장을 빠져나오는 학생이 있는가 하면 준비된 답변이나 스토리로 자신의 열정과 의지를 보여주거나, "마지막으로 하고 싶은 말이 있나요?"라는 질문을 받지 못해도 "교수님 제가 마지막으로 드리고 싶은 말이 있습니다. 한마디만 해도 괜찮겠습니까?"라는 식으로 적극적으로 기회를 모색하는 수험생도 있지요. 면접관이 일부러 "학생의 교내외 활동이 지원한 전공과는 무관한 것 같은데?" 혹은 "미래의 호텔리어가 되기엔 적성이 잘 맞지 않을 것 같은데?"라는 질문에, 울컥하고 눈물을 쏟아 평가장의 분위기를 뒤숭숭하게 만드는 학생이 있는가 하면, 오히려 '이때가 기회다'라고 생각해서 자신이 지원한 대학과 전공을 위해 얼마나 노력해왔는지를 조목조목 설명하는 학생도 있습니다.

다시, 입장 바꿔 생각해봅시다. 이 책을 읽고 있는 수험생이 만약 면접관이라면 제한된 시간 내에 적극적으로 답변을 하려는 학생과 마지못해 대충 말하고 나오려는 학생 중에서 누구를 뽑고 싶습니까? 면접의 평가자는 지원자가 '면접에서 보여준 말과 행동을 가까운 미래인 대학생활에서도 반복할 가능성이 높다'는 사고방식을 가지고 있습니다.

무슨 말이냐면, 면접관은 지원자가 짧은 면접시간 동안 보여준 말과 행동의 패턴을 대학에서도 지속적으로 반복할 거라고 추측한다는 것이죠. 일부의 행동을 가지고 전체를 평가한다는 것은 논리적으로 볼 때 명백한 오류일지도 모르지만 면접도 일종의 '시험'의 성격을 가진 냉정한 평가이기 때문에 어쩔 수가 없는 것입니다.

📖 연습하고 준비하면 합격하는 대입 면접

당(唐)나라에서 시선(詩仙)으로 불렸던 이백(李白)은 젊은 날 학문을 위해 산에 들어가서 공부하다가 싫증이 나서 그만 산에서 내려오고자 합니다. 그때 한 노파가 시냇가에서 바위에 도끼를 가는 모습을 보게 되죠. 그 광경을 기이하게 여긴 이백은 "어르신, 지금 무엇을 하고 계신 것입니까?"라고 묻습니다. 그 노파는 "바늘을 만들고 있어"라고 대답하죠. 노파의 대답을 들은 이백은 어이가 없어 다시 묻습니다. "어떻게 도끼로 바늘을 만들 수 있단 말씀입니까?" 그 소리를 들은 노파는 갑자기 이백을 꾸짖으며 말합니다. "어이 젊은이, 비웃을 일이 아니야. 중간에 그만두지 않는다면 언젠가는 이 도끼로 바늘을 만들 수가 있지 않겠나." 이 말을 들은 이백은 크게 뉘우치고 산으로 다시 들어가 학문에 매진합니다. 그 결과 오늘날 까지도 칭송받는 위대한 시인이 되었지요. 이 스토리에서 탄생한 고사성어가 바로 '마부작침(磨斧作針)'입니다. 아무리 어려운 일일지라도 끈기 있게 노력한다면 마침내 이룰 수 있다는 뜻이지요.

면접은 수험생들에게 생소하기도 하고 무척 두려운 평가임은 분명합니다. 자기가 평소에 말을 잘 못한다고 생각하는 학생도 있을 것이고, 어디서부터 어떻게 면접연습을 시작해야 할지 막막한 학생도 있겠지요. 또 면접시험 뒤에 있을 수능시험과 논술시험 준비로 부담이 되기도 할 것입니다. 그러나 위 고사의 내용처럼 남은 기간 동안 이 책에서 설명한 답변 원리를 바탕으로 정리한 내용을 끝까지 연습한다면 '학생부종합전형 합격'이라는 기쁨을 반드시 누릴 수 있을 것입니다.

알짜만 짚어주는
족집게 대입 면접 올킬 작전

초판 1쇄 인쇄 2018년 9월 4일
1판 4쇄 발행 2022년 11월 30일

지은이   최정호
펴낸곳   prism
편집인   서진

마케팅   김정현, 이민우

디자인   강희연

주소   경기도 파주시 문발로 165, 3F
대표번호   031-927-9965
팩스   070-7589-0721
전자우편   edit@sfbooks.co.kr
출판신고   2015년 8월 7일 제406-2015-000159

ISBN 979-11-88331-44-4 43370
값 17,000원